# 煤矿安全生产条例
# 释 义

国家矿山安全监察局 编

应急管理出版社
· 北 京 ·

图书在版编目（CIP）数据

煤矿安全生产条例释义 / 国家矿山安全监察局编．
－－北京：应急管理出版社，2024
ISBN 978－7－5237－0468－4

Ⅰ．①煤…　Ⅱ．①国…　Ⅲ．①煤矿—安全生产—条例—法律解释—中国　Ⅳ．①D922．545

中国国家版本馆 CIP 数据核字（2024）第 048574 号

**煤矿安全生产条例释义**

编　　者　国家矿山安全监察局
责任编辑　罗秀全　成联君
责任校对　赵　盼
封面设计　张　蕾

出版发行　应急管理出版社（北京市朝阳区芍药居 35 号　100029）
电　　话　010－84657898（总编室）　010－84657880（读者服务部）
网　　址　www.cciph.com.cn
印　　刷　河北赛文印刷有限公司
经　　销　全国新华书店

开　　本　710mm×1000mm $^{1}/_{16}$　印张　14 $^{1}/_{4}$　字数　173 千字
版　　次　2024 年 5 月第 1 版　2024 年 5 月第 1 次印刷
社内编号　20231592　定价　69.00 元

# 编　委　会

**主　编**　周德昶

**副主编**　薛剑光　张文杰　黄体伟　代海军

**参加编写人员**

邵　国　李　谨　黄文升　徐维骏　李大生

丁百川　兰群足　和尚光　闵　峰　刘志勇

马小伟　崔鹏飞　栾龙龙　贾　宏　韩鹏腾

王　恒　杨钰婷　胡雪坤　陈　语　秦培焱

# 前言

安全生产事关人民群众生命财产安全，事关经济发展和社会稳定大局。党中央、国务院历来高度重视安全生产工作。党的十八大以来，习近平总书记多次对安全生产工作作出重要指示批示，提出了“坚持人民至上、生命至上”“从根本上消除事故隐患、从根本上解决问题”“管行业必须管安全、管业务必须管安全、管生产经营必须管安全”等一系列关于安全生产的重要论述，为做好新时代安全生产工作提供了根本遵循和行动指南。

煤矿作为传统高危行业，一直是安全生产的重中之重。国务院2000年、2005年先后出台了《煤矿安全监察条例》《国务院关于预防煤矿生产安全事故的特别规定》，对预防煤矿生产安全事故、保障煤矿安全生产发挥了重大的积极作用。随着经济社会发展，煤矿安全生产出现了一些新情况、新问题，2020年国家矿山安全监察体制进行了改革，2021年修改的《中华人民共和国安全生产法》对安全生产的原则要求和具体制度作了进一步完善，2023年中共中央办公厅、国办院公办厅印发了《关于进一步加强矿山安全生产工作的意见》。为把党中央、国务院决策部署在煤矿安全生产领域予以细化落实，国家矿山安全监察局在整合《煤矿安全监察条例》《国务院关于预防煤矿生产安全事故的特别规定》两部行政法规的基础上起草了《煤矿安全生产条例》。

《煤矿安全生产条例》是煤矿安全生产的一部基础法规，是在贯彻新发展理念、推动安全生产工作高质量发展过程中形成的重要立法成果，对煤矿安全生产工作影响深远。《煤矿安全生产条例》的颁布和实施，有利于全面规范煤矿安全生产工作，进一步落实煤矿企业安全生产主体责任，进一步强化监管监察职责，对促进煤矿安全生产形势稳定好转意义重大。

《煤矿安全生产条例》针对当前煤矿领域存在的安全生产责任落实不到位、风险隐患排查治理不彻底、安全管理体制机制不完善等突出问题，总结近年来一些好的经验和做法，将实践证明行之有效的措施用法规固化下来，从完善体制机制的方面作出了相应规定。一是确立煤矿安全生产工作原则。《煤矿安全生产条例》明确规定，煤矿安全生产工作坚持中国共产党的领导，坚持人民至上、生命至上，把保护人民生命安全摆在首位，坚持安全第一、预防为主、综合治理的方针，实行管行业必须管安全、管业务必须管安全、管生产经营必须管安全，按照国家监察、地方监管、企业负责，强化和落实安全生产责任。二是强化企业主体责任。《煤矿安全生产条例》明确了煤矿上级企业的职责，要求煤矿企业应当加强对所属煤矿的安全管理，定期对所属煤矿进行安全检查。强化了煤矿设计、施工、竣工验收、生产、关闭等“全链条”安全管理。对煤矿企业安全制度、组织机构、人员职责、教育培训、劳动待遇保障、安全设施和设备、危险作业等方面进行“全方位”规范。细化了煤矿企业主要负责人、安全生产管理人员和从业人员的全员安全生产责任，提高了企业违法成本，夯实了企业主体责任。三是严格政府部门监管责任。《煤矿安全生产条例》强调，煤矿安全生产实行地方党政领导干部安全生产责任制，省级人民政府应当按照分级分类监管的原则，明确每一个煤矿企业的安全生产监管主体。要求县级以上地方人民政府负有煤矿安全生产监督管理职责的部门，依法对煤矿企业特别是一线生产作业场所进行监督检查。同时，进一步加大了对政府及监管部门失职渎职行为的责任追究力度。

抓好《煤矿安全生产条例》贯彻落实，是强化煤矿安全生产工作和防范化解煤矿重大风险隐患的有力举措，是推动煤矿安全生产治理模式向事前预防转型的有效途径。为推动《煤矿安全生产条例》的学习宣传和贯彻执行，便于准确理解、掌握法规规定，在煤矿安全领域推动形成学好、用好条例的浓厚氛围，国家矿山安全监察局组织编写了本书，供大家学习参考。希望煤矿安全监管监察系统和煤矿安全领域生产经营单位的同志们充分认识学习贯彻实施《煤矿安全生产条例》的重要意义，认真学习领会，并在实际工作中切实落实《煤矿安全生产条例》的各项规定，进一步提高煤矿安全生产法治水平，推动煤矿安全生产形势持续稳定好转，为经济社会高质量发展提供有力保障。

本书力求简明扼要、通俗易懂，准确反映立法原意，但因时间和水平有限，不妥和疏漏之处在所难免，敬请广大读者批评指正。

编　者

2024 年 4 月

# 目录

## 第一章　总则



## 第二章　煤矿企业的安全生产责任

## 第三章　煤矿安全生产监督管理

## 第四章　煤矿安全监察



## 第五章　法律责任

## 第六章　附则

# 第一章 总 则

**第一条** 为了加强煤矿安全生产工作，防止和减少煤矿生产安全事故，保障人民群众生命财产安全，制定本条例。

## ◆ 条文主旨

本条是关于本条例立法目的的规定。

## ◆ 条文释义

《煤矿安全生产条例》作为煤矿安全领域的基础主干法规，立法目的具有较强的概括性和指向性，主要体现在加强煤矿安全生产工作、防止和减少煤矿生产安全事故、保障人民群众生命财产安全三个方面。这就要求煤矿安全领域生产经营单位必须始终把安全生产放在重中之重的位置，始终把保障人民群众生命财产安全放在首位，进一步牢固树立人民至上、生命至上的理念，严格落实全员安全生产责任制，发展决不能以牺牲人的生命为代价。

**第二条** 在中华人民共和国领域和中华人民共和国管辖的其他海域内的煤矿安全生产，适用本条例。

### ◆ 条文主旨

本条是关于本条例适用范围和调整对象的规定。

### ◆ 条文释义

#### 一、本条例的适用范围

法律、行政法规的适用范围，是指其产生效力的范围，包括时间效力、空间效力、对象效力、事项效力。按照法律空间效力范围的普遍原则，法律适用于制定机关所管辖的全部领域。《煤矿安全生产条例》由国务院依照法定权限和程序制定，其效力自然及于中华人民共和国的全部领域（包括领陆、领水、领空以及中华人民共和国船舶或者航空器等延伸领域）。中华人民共和国管辖的其他海域包括我国领海以外的邻接领海并属我国专属管辖的一定宽度的海域，即毗连区、专属经济区和大陆架及我国有历史性权利的海域。

#### 二、本条例的调整对象

本条例的调整对象为煤矿安全生产活动。“煤矿安全生产活动”，既包括煤炭勘探、建设、开采、洗选（不含独立洗选厂）、关闭等生产建设经营活动以及为煤矿生产建设经营服务的地质勘查、设计、施工、监理、评价、检测检验等活动，也包括政府及相关部门的安全监管监察活动。

**第三条** 煤矿安全生产工作坚持中国共产党的领导。

煤矿安全生产工作应当以人为本，坚持人民至上、生命至上，把保护人民生命安全摆在首位，贯彻安全发展理念，坚持安全第一、预防为主、综合治理的方针，从源头上防范化解重大安全风险。

煤矿安全生产工作实行管行业必须管安全、管业务必须管安全、管生产经营必须管安全，按照国家监察、地方监管、企业负责，强化和落实安全生产责任。

### ◆ 条文主旨

本条是关于煤矿安全生产方针原则和工作体制的规定。

### ◆ 条文释义

中国共产党的领导是中国特色社会主义最本质的特征，是中国特色社会主义制度的最大优势。正是因为始终坚持党的集中统一领导，我们才顺利开启了安全生产改革发展的新时期，才能成功应对一系列重大风险挑战，实现煤矿安全生产形势总体趋稳向好。《煤矿安全生产条例》总结改革开放以来的有益经验，把党领导下形成的具有中国特色的煤矿安全生产治理创新举措，通过法定程序及时转化为国家意志，用立法方式巩固煤矿安全生产工作成果，是我们党治国理政的创新实践，更是提升煤矿安全生产法治化水平的重要举措。

2016 年，《中共中央 国务院关于推进安全生产领域改革发展的意见》明确提出，按照管行业必须管安全、管业务必须管安全、管生产经营必须管安全和谁主管谁负责的原则，厘清安全生产综合监管与行业监管的关系，明确各有关部门安全生产工作职责。2021

年修改的《中华人民共和国安全生产法》将“三管三必须”写入总则，为构建科学有效的安全生产责任体系提供了明确的法律依据。本条例与上位法做好衔接，在总则中明确要求煤矿安全生产工作实行管行业必须管安全、管业务必须管安全、管生产经营必须管安全，按照国家监察、地方监管、企业负责，强化和落实安全生产责任。

需要注意的是，“三管三必须”中的“管”是一个广义的概念，既包括政府及其有关部门层面的监督管理，也包括企业层面的安全管理。其中，各个政府主管部门要在各自的职责范围内，对煤矿安全生产工作实施监督管理。煤矿企业决策层、管理层和各个部门也要在各自职责范围内，履行安全生产职责，承担相应责任。

**第四条** 煤矿企业应当履行安全生产主体责任，加强安全生产管理，建立健全并落实全员安全生产责任制和安全生产规章制度，加大对安全生产资金、物资、技术、人员的投入保障力度，改善安全生产条件，加强安全生产标准化、信息化建设，构建安全风险分级管控和隐患排查治理双重预防机制，健全风险防范化解机制，提高安全生产水平，确保安全生产。

煤矿企业主要负责人（含实际控制人，下同）是本企业安全生产第一责任人，对本企业安全生产工作全面负责。其他负责人对职责范围内的安全生产工作负责。

### ◆ 条文主旨

本条是关于煤矿企业安全生产主体责任的规定。

◆ 条文释义

一、煤矿企业是煤矿安全生产工作的责任主体

强化和落实煤矿企业安全生产主体责任，是本条例规范煤矿安全生产工作的重要基础和基本出发点。本条对煤矿企业安全生产的基本义务作出概括性规定。

关于全员安全生产责任制和安全生产规章制度的具体执行要求，《国务院安委会办公室关于全面加强企业全员安全生产责任制工作的通知》《国家煤矿安监局关于印发〈关于落实煤矿企业安全生产主体责任的指导意见〉的通知》《国家煤矿安监局关于印发〈关于煤矿企业安全生产主体责任监管监察的指导意见〉的通知》对此有明确规定，煤矿安全监管监察部门和煤矿企业应当严格执行。

煤矿企业应当执行的安全生产规章制度，包括国家规定的各类安全规章制度和企业自身制定的各项规章制度。

其中，法律法规规章规定煤矿企业应当建立的安全生产管理制度主要包括安全生产责任制管理考核制度、安全目标管理制度、安全承诺制度、安全生产奖惩制度、安全办公会议制度、安全投入保障制度、生产安全设备采购查验制度、矿用设备器材使用管理制度、矿井主要灾害预防管理制度、劳动用工制度、安全限员制度、安全技术措施审批制度、安全教育培训制度、安全监督检查制度、地质灾害普查制度、安全监测制度、安全风险分级管控制度、事故隐患排查治理报告制度、事故报告与责任追究制度、安全操作规程管理制度、领导带班下井（坑）制度、复工复产验收制度、值班制度、事故应急救援制度、应急演练制度等25项制度。

除执行上述制度外，煤矿还应当建立健全的制度主要包括

“三违”管理制度、入井检身制度、出入井人员清点制度、爆炸物品领退制度、“一炮三检”和“三人连锁爆破”制度、乘罐制度、井巷维修制度、巡回检查制度、敲帮问顶及围岩观测制度、测风制度、煤尘防治制度、无轨胶轮车入井运行和检查制度、停送电制度、安全避险设施管理和使用制度、雨季巡视制度、重大风险灾害停产撤人制度等16项制度。此外，灾害严重矿井要依法依规建立与灾害类型相适应的安全管理规章制度。承担安全评价、认证、检测检验职责的机构应当建立并实施服务公开和报告公开制度。

## 二、煤矿企业负责人的安全生产责任

安全生产工作是企业管理工作中的重要内容，涉及煤矿生产经营活动的各个方面，必须要由企业“一把手”挂帅领导，统筹协调，全面负责。这里的煤矿企业主要负责人，是指在煤矿生产经营活动中拥有指挥、决策权的领导人员，如煤矿企业的董事长、总经理等。实际控制人是指虽然不是煤矿企业的法定代表人，但通过投资关系、协议或者其他安排，能够实际支配煤矿企业生产经营活动的人。在一般情况下，董事长、总经理是企业的法定代表人，也是企业的实际控制人，但是有些煤矿企业特别是一些中小型煤矿企业的法定代表人，背后往往另有实际控制人，他们对企业的重大事项有最终的决策权。这些实际控制人，为了逃避责任，特别是逃避事故责任追究，不任职、不签名、不履责，躲在幕后，实际上控制煤矿的生产经营活动。这样一来，有了“替罪羊”在前台，他们在背后指挥，肆意违法生产，只要效益、不管安全，给安全生产工作带来了极大的风险和挑战。对此，本条例第一次从安全生产法规层面明确了煤矿实际控制人属于主要负责人，对本企业安全生产工作全面负责。

**第五条** 县级以上人民政府应当加强对煤矿安全生产工作的领导，建立健全工作协调机制，支持、督促各有关部门依法履行煤矿安全生产工作职责，及时协调、解决煤矿安全生产工作中的重大问题。

## ◆ 条文主旨

本条是关于县级以上人民政府加强煤矿安全生产工作领导的规定。

## ◆ 条文释义

煤矿安全生产工作涉及方方面面，情况问题复杂。如，建立健全工作协调机制、整顿关闭不符合安全生产条件的煤矿企业、对生产安全事故的救援组织等等，仅靠矿山安全监管监察部门或者其他有关部门自身难以解决。这就需要政府出面，建立健全安全生产工作协调机制，对煤矿安全生产监管监察中存在的重大问题，及时予以协调、解决，这是县级以上人民政府加强对安全生产工作领导的重要体现。建立健全工作协调机制，主要是围绕煤矿安全生产工作，坚持问题导向、需求导向、目标导向、结果导向，聚焦制约煤矿安全发展的制度瓶颈、体制机制等问题，综合运用巡查督查、考核考察、激励惩戒等措施，建立健全高效运作、有效沟通、狠抓落实的工作机制。

2016 年，《中共中央 国务院关于推进安全生产领域改革发展的意见》明确规定，地方各级政府要把安全生产纳入经济社会发展总体规划，制定实施安全生产专项规划，健全安全投入保障制度。及时研究部署安全生产工作，严格落实属地监管责任。充分发挥安全生产委员会作用，实施安全生产责任目标管理。

**第六条** 县级以上人民政府负有煤矿安全生产监督管理职责的部门对煤矿安全生产实施监督管理，其他有关部门按照职责分工依法履行煤矿安全生产相关职责。

## ◆ 条文主旨

本条是关于县级以上人民政府有关部门煤矿安全监管职责的规定。

## ◆ 条文释义

1999 年，国务院决定煤矿安全监察体制实行垂直管理。这对加强煤矿安全生产工作，促进我国煤矿安全生产形势的好转，起到了重要作用。2004 年，国务院办公厅下发《关于完善煤矿安全监察体制的意见》，初步明确了煤矿安全监察、监管职责，“国家监察、地方监管、企业负责”的煤矿安全生产工作格局逐渐形成。但是，在实际运行中煤矿安全监察、监管的部分职责尚需进一步依法明确，协调机制和自身体系建设有待完善。为此，本条例除在总则中对煤矿安全地方监管进行总体规定外，还在第三章“煤矿安全生产监督管理”以及其他相关条款中进行了细化，进一步厘清煤矿安全地方监管职责和权限，推动形成煤矿安全监管监察工作的合力。

按照本条规定，县级以上人民政府其他有关部门按照职责分工依法履行煤矿安全生产相关职责，比如能源部门负责从行业规划、产业政策、法规标准、行政许可等方面加强煤矿安全生产工作；公安机关负责民用爆炸物品公共安全管理和民用爆炸物品购买、运输、爆破作业的安全监督管理；自然资源部门负责查处越界勘查、无证勘查开采、越界采矿等违法违规行为。需要注意的是，有些部门虽然不直接负责煤矿安全生产监督管理，比如人力资源、财政、宣传等部门，但也要在职责范围内从干部考核、安全投入、宣传教育等方面统筹考虑，为煤矿安全生产工作提供支持保障。

**第七条** 国家实行煤矿安全监察制度。国家矿山安全监察机构及其设在地方的矿山安全监察机构负责煤矿安全监察工作，依法对地方人民政府煤矿安全生产监督管理工作进行监督检查。

国家矿山安全监察机构及其设在地方的矿山安全监察机构依法履行煤矿安全监察职责，不受任何单位和个人的干涉。

### ◆ 条文主旨

本条是关于国家实行煤矿安全监察制度的规定。

### ◆ 条文释义

新中国成立以来，随着我国经济社会发展变化，安全生产方针不断健全完善，煤矿安全管理体制不断变革，煤矿安全生产工作格局先后经历了改革开放前的“行业管理、工会监督、劳动部门检查”，改革开放初期的“企业管理、国家监察、工会监督”，2004年后的“国家监察、地方监管、企业负责”三个标志性阶段。1999年，国务院决定改革煤矿安全监察管理体制，建立了全国统一、垂直管理的煤矿安全监察机构。2000年11月1日，国务院发布《煤矿安全监察条例》，标志着煤矿安全监察工作步入法治化发展阶段。2018年，党和国家机构改革，党中央批准成立了国家煤矿安全监察局党组。2020年9月22日，中共中央办公厅、国务院办公厅印发《国家矿山安全监察局职能配置、内设机构和人员编制规定》，国家煤矿安全监察局更名为国家矿山安全监察局。为了依法固化煤矿安全改革发展成果，进一步健全煤矿安全监管监察体制，本条例在总则中明确规定“国家实行煤矿安全监察制度”，从立法上表明这一制度在煤矿安全生产工作中的重要地位。

矿山安全监察机构作为行使国家矿山安全监察职能的专责机关，应当依法履行职责。无论是煤矿企业、从业人员，还是其他有关单位和个人，都应当积极配合矿山安全监察机构的工作，不得阻挠和干涉。这里的“干涉”，主要指的是行政机关、社会团体和个人利用职权、地位，或者采取其他不正当手段干扰、影响监察人员依法行使职权的行为，如利用职权阻止矿山安全监察人员开展现场检查、行政处罚、事故调查处理等，利用职权或者地位威胁、引诱他人不配合矿山安全监察机构的工作等。

**第八条** 国家实行煤矿生产安全事故责任追究制度。对煤矿生产安全事故责任单位和责任人员，依照本条例和有关法律法规的规定追究法律责任。

国家矿山安全监察机构及其设在地方的矿山安全监察机构依法组织或者参与煤矿生产安全事故调查处理。

### ◆ 条文主旨

本条是关于煤矿生产安全事故责任追究制度的规定。

### ◆ 条文释义

近年来，煤矿事故起数、死亡人数和煤矿百万吨死亡率明显下降，这与政府安全监管监察执法力度不断加大，尤其是国家加大了对煤矿生产安全事故责任的追究力度有直接关系。煤矿生产安全事故的原因虽多种多样，但大多都是因为违反安全生产的法律、法规、规章和标准等人为因素造成的。主要表现为超层（深）越界开采，未经批准擅自复工，隐瞒作业地点，采取假图纸、假资料逃避监管，违规转包分包等，并且大多数事故煤矿同时存在多种违法违规行为。鉴于生产安全事故会对人民群众的生命和财产造成严重的损害，对煤矿生产安全责任事故，必须依法追究相关单位和人员的法律责任。

本条第一款规定的“生产安全事故责任追究制度”，是指对事故责任者根据其责任性质和责任大小，追究其相应民事责任、行政责任或者刑事责任的制度。追责的依据是本条例和有关的法律、行政法规。本条第二款包括两层含义：一是依法组织煤矿重大事故、较大事故、一般事故的调查处理；二是依法参与煤矿特别重大事故的调查处理。

**第九条** 县级以上人民政府负有煤矿安全生产监督管理职责的部门、国家矿山安全监察机构及其设在地方的矿山安全监察机构应当建立举报制度，公开举报电话、信箱或者电子邮件地址等网络举报平台，受理有关煤矿安全生产的举报并依法及时处理；对需要由其他有关部门进行调查处理的，转交其他有关部门处理。

任何单位和个人对事故隐患或者安全生产违法行为，有权向前款规定的部门和机构举报。举报事项经核查属实的，依法依规给予奖励。

## ◆ 条文主旨

本条是关于建立煤矿安全生产举报奖励制度的规定。

## ◆ 条文释义

### 一、有关部门应当建立举报制度

《中华人民共和国安全生产法》明确规定，负有安全生产监管职责的部门应当建立举报制度。本条第一款明确要求“县级以上人民政府负有煤矿安全生产监督管理职责的部门、国家矿山安全监察机构及其设在地方的矿山安全监察机构应当建立举报制度”，既是贯彻落实《中华人民共和国安全生产法》的必然要求，也是推进煤矿安全生产举报监督制度化、法定化的有效举措。

**1. 公开举报电话、信箱或者电子邮件地址等网络举报平台。**县级以上人民政府负有煤矿安全生产监督管理职责的部门、国家矿山安全监察机构及其设在地方的矿山安全监察机构所设立的各种举报方式（举报电话、信箱或者电子邮件地址等网络举报平台）应当向社会公开，使社会公众广为知晓。为给群众提供便捷、快速、有效的举报渠道，目前各地已经设立全国统一的安全生产举报投诉特服号“12350”。应急管理部于2022年开通了安全生产举报微信小程序，受理举报的内容既包括对煤矿企业违反有关安全生产法律、法规行为的举报，也包括对重大事故隐患的举报等。

**2. 依法及时处理有关举报事项。**要保证举报制度取得成效，相关部门在接到举报后应当依法及时处理。认真对待群众的每一个举报，对受理的各个环节，包括值班、电话接听、登记整理、转送、调查核实、处理、结果反馈等，制定严格的规定和详细的要求，使举报受理工作制度化、程序化和规范化。经调查核实后，确实存在安全生产方面的问题的，应当及时督促有关责任单位和人员予以整改。受理有关煤矿安全生产举报的部门，经了解举报内容如果不属于本部门职责，需要由其他有关部门进行调查处理的，应当及时转交其他有关部门。其他有关部门接到转交的安全生产举报后，应当按照程序及时调查处理。对于涉及人员死亡的举报事项的核查处理，《中华人民共和国安全生产法》专门规定由县级以上人民政府负责核查处理。

## 二、对举报人员进行奖励和保护

煤矿安全生产领域的违法行为一般较为隐蔽，举报人需要花费大量时间、物力等才能了解情况。因此，奖励能调动更多人的积极性。从实践来看，煤矿企业的违法行为往往涉及利益，对于举报人来说，人身安全、个人信息严格保密至关重要。《国务院关于加强和规范事中事后监管的指导意见》明确要求，对举报严重违法违规行为和重大风险隐患的有功人员予以重奖和严格保护。鉴于此，本条第二款明确规定，举报事项经核查属实的，依法依规给予奖励。对报告重大事故隐患或者举报安全生产违法行为的有功人员给予奖励，目前一般按照国务院应急管理部门及国务院财政部门的相关规定进行，奖励形式主要是物质奖励，也包括精神奖励。2021年，国家矿山安全监察局专门制定了《矿山安全生产举报奖励实施细则（试行）》，具体规定了查实矿山重大事故隐患和安全生产违法行为（瞒报、谎报生产安全事故除外）的奖励措施。属于一级举报的，奖励金额按照行政处罚金额的15%计算；属于二级举报的，奖励金额按照行政处罚金额的12%计算。最低奖励3000元，最高奖励不超过30万元。查实矿山瞒报、谎报生产安全事故的奖励，按照《安全生产领域举报奖励办法》有关规定执行。此外，《矿山安全生产举报奖励实施细则（试行）》还规定，参与举报处理工作的人员必须严格遵守保密纪律，依法保护举报人的合法权益，未经举报人同意，不得以任何方式透露举报人身份、举报内容和奖励等情况，违者依法承担相应责任。

**第十条　煤矿企业从业人员有依法获得安全生产保障的权利，并应当依法履行安全生产方面的义务。**

## ◆ 条文主旨

本条是关于煤矿企业从业人员安全生产权利义务的规定。

## ◆ 条文释义

煤矿企业从业人员，是指在煤矿企业从事生产经营活动的所有人员，包括管理人员、技术人员和各岗位的工人，也包括煤矿企业临时聘用的人员。依照宪法、劳动法等法律的规定，从业人员作为劳动保护的对象，依法享有获得安全生产保障的权利，同时按照全员安全生产责任制的要求，也应当遵守法律、法规和煤矿企业的规章制度，履行安全生产方面的义务。

### 一、从业人员依法获得安全生产保障的权利

根据本条规定，煤矿企业从业人员有依法获得安全生产保障的权利。我国立法保障的煤矿企业从业人员安全生产的权利主要包括：（1）对安全生产的知情权。包括获得安全生产教育和技能培训的权利，被如实告知作业场所和工作岗位存在的危险有害因素、防范措施及事故应急措施的权利。（2）获得符合国家标准的劳动防护用品的权利。（3）提出批评、建议的权利。包括有权对本单位安全生产管理工作存在的问题提出建议、批评、检举、控告。（4）对违章指挥的拒绝权。对管理者作出的可能危及安全的违章指挥，有权拒绝执行。（5）采取紧急避险措施的权利。发现直接危及人身安全的紧急情况时，有权停止作业或者在采取紧急措施后撤离作业场所。（6）及时获得救治和赔偿的权利。在发生生产安

全事故后，有获得及时抢救和医疗救治并获得工伤保险赔付的权利等。煤矿企业不得因从业人员行使上述权利，而对从业人员进行处分或者作出其他不利于从业人员的决定。

**二、从业人员依法履行安全生产方面的义务**

从业人员在享有获得安全生产保障权利的同时，也负有以自己的行为保证安全生产的义务。主要包括：（1）在作业过程中应当严格落实岗位安全责任，遵守各项安全生产规章制度和操作规程，服从管理，不得违章作业。（2）参加安全生产教育和培训，掌握本职工作所需要的安全生产知识。（3）煤矿企业特种作业人员应当按照国家有关规定经专门的安全技术培训和考核合格，并取得相应资格。（4）发现事故隐患应当及时向本单位安全生产管理人员或者主要负责人报告。（5）正确使用和佩戴劳动防护用品等。煤矿企业从业人员未遵守应当依法履行的安全生产义务，应当按照《中华人民共和国安全生产法》及相关法律法规和本条例的相关规定承担相应的法律责任。

**第十一条**　国家矿山安全监察机构应当按照保障煤矿安全生产的要求，在国务院应急管理部门的指导下，依法及时拟订煤矿安全生产国家标准或者行业标准，并负责煤矿安全生产强制性国家标准的项目提出、组织起草、征求意见、技术审查。

### ◆条文主旨

本条是关于煤矿安全生产国家标准或者行业标准的拟订、强制性国家标准制定程序的规定。

## ◆ 条文释义

标准是经济社会活动的重要技术依据，在国家治理体系和治理能力现代化建设中发挥着基础性、引领性、战略性作用。按照保障煤矿安全生产的要求，科学、合理地制定有关标准，并确保这些标准在生产经营活动中被严格执行，是确保煤矿安全生产的重要方式和手段。

根据《国家矿山安全监察局职能配置、内设机构和人员编制规定》，国家矿山安全监察局负责拟订矿山安全生产方面的政策、规划、标准。2023 年 8 月 22 日，为进一步强化标准对矿山安全发展的支撑保障作用，国家标准化管理委员会批准同意设立矿山安全行业标准代号 KA，由国家矿山安全监察局作为主管部门。矿山安全行业标准属于矿山安全领域生产经营单位法定必须执行的行业标准，是深化落实党中央关于矿山安全监察体制改革决策部署和国家标准化改革要求的重要举措，是完善矿山安全标准工作体制机制的关键一步，对于进一步优化整合现有矿山安全标准资源、加大急需标准供给力度、以高质量标准保障矿山高质量发展具有极其重要的意义。其主要内容涵盖了矿山生产，以及相关的设计、施工、设备制造、检测检验、专业服务等其他矿山安全领域的生产经营活动。煤矿安全领域生产经营单位必须执行矿山安全行业标准（KA）；煤矿安全监管监察部门应当将矿山安全行业标准（KA）作为监管监察执法及许可、审批、核准的重要依据，不得违反标准规定的安全生产技术条件实施许可、审批、核准等事项，对违反矿山安全行业标准的行为应当严格依法实施行政处罚。

根据《中华人民共和国标准化法》及本条例，在煤矿安全生产领域，由国家矿山安全监察局负责强制性国家标准的项目提出、组织起草、征求意见和技术审查，由国务院标准化行政主管部门负责立项、编号和对外通报。

第十二条　国家鼓励和支持煤矿安全生产科学技术研究和煤矿安全生产先进技术、工艺的推广应用，提升煤矿智能化开采水平，推进煤矿安全生产的科学管理，提高安全生产水平。

◆ 条文主旨

本条是关于国家鼓励和支持煤矿安全生产科技进步的规定。

◆ 条文释义

一、国家鼓励和支持煤矿安全生产科学技术研究

煤矿生产安全事故具有一定的偶然性和突发性，但是它的发生依然遵循自然科学规律。要达到预防和减少煤矿生产安全事故的目的，就要努力发现这些规律，并采取有效措施加以防范。因此，必须加强安全生产科学技术研究工作，针对煤矿瓦斯防治、水害防治、冲击地压治理、采空区治理、边坡防治、防灭火等工作的特点，加强先进技术、工艺、装备的研究开发，加快关键技术装备的升级换代，推动提高煤矿智能化开采水平。政府及其有关部门应当从资金、税收、人才等多方面采取优惠措施，鼓励和支持煤矿安全生产科学技术研究工作。党的十九大报告指出，深化科技体制改革，建立以企业为主体、市场为导向、产学研深度融合的技术创新体系，加强对中小企业创新的支持，促进科技成果转化。《中共中央办公厅 国务院办公厅关于进一步加强矿山安全生产工作的意见》提出，要加强矿山重大灾害预防与治理研究，组织重大科技和关键技术攻关，推进矿山信息化、智能化装备和机器人研发及应

用，特别是加快露天矿无人驾驶技术攻关和应用，切实提升科技兴安、科技赋能、科技管理、科技监管的能力和水平。

为充分利用和整合矿山安全生产领域科技资源，加快推进矿山安全生产与监管监察科技创新体系建设，强化科技创新对矿山安全生产工作的支撑作用，国家矿山安全监察局印发了《国家矿山安全监察局重点实验室管理办法（试行）》。重点实验室依托科研院所、高等院校或者具有行业技术优势的企业等单位，围绕国家矿山安全发展战略目标和重大需求，优化整合优势科技资源，开展灾害治理、事故预防、监管监察、应急救援等基础研究，组织重大关键技术攻关和先进装备研发，探索政产学研用协同创新机制，加快科技成果转移转化，为推动矿山行业安全高质量发展提供了科技支撑。

## 二、国家鼓励和支持煤矿安全生产先进技术、工艺、装备的推广应用

《中华人民共和国安全生产法》第十五条规定，国家鼓励和支持安全生产科学技术研究和安全生产先进技术的推广应用，提高安全生产水平。《中华人民共和国矿山安全法》第五条规定，国家鼓励矿山安全科学技术研究，推广先进技术，改进安全设施，提高矿山安全生产水平。

**1. 鼓励和支持先进适用技术推广应用。**为加强和鼓励煤矿安全生产先进适用技术装备推广应用，促进成果转化，加快提升煤矿灾害防治技术水平和安全科技保障能力，国家矿山安全监察局印发《矿山安全先进适用技术装备推广与落后技术装备淘汰目录管理办法（试行）》，进一步规范了矿山安全先进适用技术装备推广与落后技术装备淘汰目录的管理。

**2. 提升煤矿智能化开采水平。**为深入贯彻落实习近平总书记

“四个革命、一个合作”能源安全新战略，加快推进煤炭行业供给侧结构性改革，推动智能化技术与煤炭产业融合发展，2020 年 2 月 25 日，国家发展改革委、国家能源局、应急管理部、国家煤矿安监局、工信部、财政部、科技部、教育部等 8 部门联合印发《关于加快煤矿智能化发展的指导意见》，通过采取综合性政策措施，提升煤矿智能化水平，推动煤炭行业高质量发展，促进煤炭产业转型升级。该意见明确，到 2021 年，建成多种类型、不同模式的智能化示范煤矿；到 2025 年，大型煤矿和灾害严重煤矿基本实现智能化；到 2035 年，各类煤矿基本实现智能化。

通过多方努力，我国煤矿智能化建设已初步解决了从无到有的问题，但从有到优、从优到强，还需要全行业上下同心、接续奋斗。在推进煤矿智能化建设工作中，应当树立煤矿智能化建设根本目的是“减人增安”的导向，突出政策引领、强化规划推动，加快完善煤矿智能化建设的时间表、路线图，加快建设透明地质、智能地质，加快灾害严重矿山、冲击地压矿井建设进度，强化露天煤矿无人驾驶应用、推进危险岗位机器人研发应用、推广人工智能技术，引导大型企业参与研发、自主研发、自主维护，加快关键技术突破，推进数据融合共享，切实提高煤矿智能化建设水平。

# 第二章 煤矿企业的安全生产责任

**第十三条** 煤矿企业应当遵守有关安全生产的法律法规以及煤矿安全规程，执行保障安全生产的国家标准或者行业标准。

### ◆ 条文主旨

本条是关于煤矿企业遵守法律法规和标准的义务的规定。

### ◆ 条文释义

在煤矿安全治理体系中，煤矿企业承担安全生产主体责任。从责任的来源看，法律、行政法规设定了煤矿企业基础的安全保障义务。我国先后颁布了《中华人民共和国矿山安全法》《中华人民共和国煤炭法》《中华人民共和国安全生产法》《中华人民共和国突发事件应对法》等法律，以及《安全生产许可证条例》《煤矿安全监察条例》《国务院关于预防煤矿生产安全事故的特别规定》《生产安全事故应急条例》《生产安全事故报告和调查处理条例》等行政法规，这些法律、行政法规规定的煤矿企业安全生产条件是保障煤矿安全生产的基础，煤矿企业应当严格遵守。

《煤矿安全规程》是安全生产法律法规体系的重要组成部分，在煤炭行业具有极高的权威性，在煤矿安全生产领域居于主体规章地位，是安全生产监管监察执法的重要依据，是规范煤矿安全生产行为的重要准绳。我国自 1951 年 9 月颁布第一部煤矿安全规程以来，先后经历 9 次全面修改和 5 次部分条文修改，现行有效的为 2022 年版《煤矿安全规程》。《煤矿安全规程》对矿井建设、煤矿开采、通风、瓦斯和煤尘爆炸防治、煤（岩）与瓦斯（二氧化碳）突出防治、冲击地压防治、防灭火、防治水、爆炸物品和井下爆破、运输、提升和空气压缩机、电气、监控与通信、钻孔爆破、采装、排土、边坡、应急救援等方面作出的详细规定，是对法律、行政法规的细化和补充。根据本条例和相关法律法规，执行《煤矿安全规程》是煤矿企业的法定义务。

随着我国煤矿领域重大灾害防治能力和科技装备水平的提升，标准对于提升矿山安全机械化、自动化、信息化、智能化、标准化等本质安全生产能力，助力矿山重大灾害防治，促进矿山安全科技装备创新，引领矿山高质量发展的作用日益凸显。《中华人民共和国标准化法》规定，标准是指农业、工业、服务业以及社会事业等领域需要统一的技术要求，包括国家标准、行业标准、地方标准和团体标准、企业标准。其中，行业标准为推荐性标准，原则上不具有强制执行力，但是当推荐性标准被相关法律、法规引用时，推荐性标准的效力就会发生转化，具有强制约束力，必须执行。《中华人民共和国安全生产法》第十一条第二款规定，生产经营单位必须执行依法制定的保障安全生产的国家标准或者行业标准。《中华人民共和国矿山安全法》第八条规定，矿山建设工程的设计文件，必须符合矿山安全规程和行业技术规范；第十三条规定，矿山开采必须具备保障安全生产的条件，执行开采不同矿种的矿山安全规程和行业技术规范。为此，按照《中华人民共和国安全生产法》

《中华人民共和国矿山安全法》的相关规定，本条例规定，煤矿企业应当执行保障安全生产的国家标准或者行业标准。同时，在本条例第十四条、第二十四条、第二十五条、第二十六条、第二十七条、第四十六条等相关条款中也规定了煤矿企业以及相关单位遵守煤矿安全标准的义务。煤矿安全领域现行有效的国家标准、行业标准可登录国家矿山安全监察局政府网站“服务互动”栏目的“矿山安全标准服务平台”查阅下载。

**第十四条** 新建、改建、扩建煤矿工程项目（以下统称煤矿建设项目）的建设单位应当委托具有建设工程设计企业资质的设计单位进行安全设施设计。

安全设施设计应当包括煤矿水、火、瓦斯、冲击地压、煤尘、顶板等主要灾害的防治措施，符合国家标准或者行业标准的要求，并报省、自治区、直辖市人民政府负有煤矿安全生产监督管理职责的部门审查。安全设施设计需要作重大变更的，应当报原审查部门重新审查，不得先施工后报批、边施工边修改。

## ◆ 条文主旨

本条是关于煤矿建设项目安全设施设计的规定。

## ◆ 条文释义

### 一、对煤矿建设项目安全设施设计的要求

**1. 新建、改建、扩建煤矿建设项目。**《国家煤矿安全监察局关于加强煤矿建设项目安全设施设计审查与竣工验收工作的通知》规定，新建项目，指在新开发井田内新设计建设的煤矿建设项目；

扩建项目，指现有合法生产煤矿通过技术改造等手段，使得生产能力增加的煤矿建设项目；改建项目，指现有合法生产煤矿改变了煤矿原有主要生产系统及安全设施，但没有增加生产能力的煤矿建设项目。改建项目主要包括：增加井筒数目或者改变井筒功能的，扩大煤层开采范围的，矿井延伸水平开拓方式与原设计不一致的项目。

**2. 煤矿建设项目设计的要求。**本条第一款对煤矿建设单位委托设计单位进行了明确规定，要求委托具备建设工程设计资质的设计单位承担煤矿建设项目安全设施设计。设计单位不得承接与本单位资质不符的煤矿安全设施设计，不得转包设计业务和挂靠设计资质。水、火、瓦斯、冲击地压、煤尘、顶板等主要灾害的防治是煤矿安全生产的重要内容，对此本条例规定煤矿建设项目安全设施设计应当包括上述内容，同时应当符合《煤矿建设安全规范》（AQ 1083）、《井工煤矿安全设施设计编制导则》（AQ 1097）、《露天煤矿安全设施设计编制导则》（AQ 1098）、《煤矿建设项目安全设施设计审查和竣工验收规范》（AQ 1055）等标准。

安全设施设计未委托具有资质的设计单位进行设计、未包括主要灾害防治内容、不符合上述安全标准、有重大变更未报原审查部门审查同意的，属于本条例第七十一条第一项中“安全设施设计未按照规定报经有关部门审查同意”的情形。

## 二、对煤矿建设项目安全设施设计的审查要求

依照《中华人民共和国安全生产法》的规定，煤矿建设项目的安全设施设计应当按照国家有关规定报经有关部门审查，审查部门及其负责审查的人员对审查结果负责。《法律、行政法规、国务院决定设定的行政许可事项清单（2023 年版）》规定，各类煤矿安全设施设计审查由省级煤矿安全监管部门实施。因此，本条第二款

规定，煤矿建设项目安全设施设计应当按有关规定报省、自治区、直辖市人民政府负有煤矿安全生产监督管理职责的部门审查。煤矿安全监管部门审查煤矿建设项目安全设施设计应当遵守《建设项目安全设施“三同时”监督管理办法》《煤矿建设项目安全设施监察规定》《煤矿建设项目安全设施设计审查和竣工验收规范》（AQ 1055）等相关规定。

安全设施设计重大变更可能会对风险辨识、评估与管控、灾害等级鉴定与防治、事故应急响应与救援等产生重大影响。如，在施工过程中瓦斯、煤层自燃倾向性、煤尘爆炸危险性、水文地质类型等条件发生变化，原设计的开拓方式、开采工艺，提升、运输、通风等主要生产系统，以及首采区、首采工作面布置等需要变更，或者施工过程中发现设计存在重大缺陷、影响安全施工，需要修改设计的，应当停止施工，对安全设施设计进行修改，报原批准部门审批。所以，本条例规定安全设施设计需要作重大变更的，应当报原审查部门重新审查，不得先施工后报批、边施工边修改。

**第十五条**　煤矿建设项目的建设单位应当对参与煤矿建设项目的设计、施工、监理等单位进行统一协调管理，对煤矿建设项目安全管理负总责。

施工单位应当按照批准的安全设施设计施工，不得擅自变更设计内容。

### ◆ 条文主旨

本条是关于煤矿建设单位安全管理责任和施工单位施工的规定。

◆ 条文释义

**一、煤矿建设单位的安全管理责任**

实践中，不少煤矿生产安全事故都发生在建设期间。煤矿建设安全涉及建设、设计、施工、监理等多个单位的不同管理层面。其中，建设单位在工程建设项目统一协调管理中具有重要作用，是确保建设过程各环节顺畅进行的关键。所以，煤矿建设单位必须加强煤矿建设项目安全管理，对设计单位、施工单位以及监理单位等进行统一协调管理，对安全管理负总责。

**二、对煤矿建设项目其他单位的要求**

煤矿建设项目安全设施设计单位应当按照《中华人民共和国安全生产法》《煤矿建设项目安全设施监察规定》《煤矿安全规程》等规定，对安全设施设计负责。施工单位应当按照经审查批准的煤矿建设项目安全设施设计进行施工，严格遵守《建设项目安全设施“三同时”监督管理办法》《煤矿建设安全规范》（AQ 1083）等相关规定，并对因施工原因造成的质量问题承担相应责任。监理单位应当按照法律、法规、有关技术标准、设计文件、建设工程承包合同书，代表建设单位对施工质量实施监理，并承担监理责任。

需要强调的是，煤矿建设项目具有专业性强、施工难度大等特点，其施工质量的高低直接关系到煤矿建设项目质量的高低，因此施工单位要严格按照经审查批准的安全设施设计施工，这对保障煤矿后续的安全生产尤为重要。任何单位和个人不得擅自决定不按照经审查批准的安全设施设计施工或者擅自更改设计文件，如遇煤矿建设项目有重大设计变更的，应当报原审查批准部门重新审查批准，不得先施工后报批、边施工边修改。

**第十六条　煤矿建设项目竣工投入生产或者使用前，应当由建设单位负责组织对安全设施进行验收，并对验收结果负责；经验收合格后，方可投入生产和使用。**

◆ 条文主旨

本条是关于煤矿建设项目安全设施竣工验收的规定。

◆ 条文释义

**一、煤矿建设单位负责对安全设施进行验收**

煤矿建设项目完成全部施工任务，准备交付投入生产或者使用前，煤矿建设单位对该项目安全设施是否符合设计要求和工程质量标准进行检查、考核，是安全设施建设全过程的最后一道程序，也是煤矿建设项目安全设施质量控制的重要环节。煤矿建设单位是煤矿建设项目的投资主体，应当由其组织验收，并对建设项目安全设施投入生产或者使用后的安全质量和效果负责。《中华人民共和国安全生产法》第三十四条第二款规定，矿山、金属冶炼建设项目和用于生产、储存危险物品的建设项目竣工投入生产或者使用前，应当由建设单位负责组织对安全设施进行验收；验收合格后，方可投入生产和使用。

**二、煤矿建设项目验收的条件和要求**

为了促使煤矿建设单位按照标准认真做好验收工作，原国家安全监管总局、国家煤矿安监局印发《煤矿建设项目安全设施竣工验收监督核查暂行办法》，应急管理部颁布《煤矿建设项目安全设施设计审查和竣工验收规范》（AQ 1055），对煤矿建设项目安全设施竣工验收活动和验收结果的监督核查工作进行了专门规定，即煤矿建设项目符合按批准的安全设施设计、单项工程经过工程质量机构认证并取得质量合格认证书等条件后，方可组织安全设施竣工验收。同时，规定煤矿建设单位组织安全设施竣工验收前，应当编制验收方案，从企业外部聘请技术专家组成验收专家组，对煤矿建设项目安全设施进行竣工验收等。而验收的内容，主要是煤矿建设项目安全设施是否与主体工程同时建成，是否严格按照批准的安全设施设计进行施工，工程质量是否符合法律、法规、煤矿安全规程和煤矿安全标准的要求等。

煤矿建设单位必须严格按照有关规定对其建设项目安全设施进行验收，对于未经验收或者验收不合格的安全设施，不得投入生产和使用，否则将依法承担相应的法律责任。

**第十七条**　煤矿企业进行生产，应当依照《安全生产许可证条例》的规定取得安全生产许可证。未取得安全生产许可证的，不得生产。

### ◆ 条文主旨

本条是关于煤矿企业依法取得安全生产许可证的规定。

### ◆ 条文释义

《安全生产许可证条例》明确规定，国家对矿山企业、建筑施工企业和危险化学品、烟花爆竹、民用爆炸物品生产企业实行安全生产许可制度。企业未取得安全生产许可证的，不得从事生产活动。2020 年矿山安全监察体制改革后，颁发和管理煤矿企业安全生产许可证事项由国家矿山安全监察机构移交给省级煤矿安全监管部门。

煤矿企业取得安全生产许可证一般应当具备的条件包括：(1) 建立、健全主要负责人、分管负责人、安全生产管理人员、职能部门、岗位安全生产责任制，制定安全目标管理、安全奖惩、安全技术审批、事故隐患排查治理、安全检查、安全办公会议、地质灾害普查、井下劳动组织定员、矿领导带班下井、井工煤矿入井检身与出入井人员清点等安全生产规章制度和各工种操作规程。(2) 安全投入满足安全生产要求，并按照有关规定足额提取和使用安全生产费用。(3) 设置安全生产管理机构，配备专职安全生产管理人员。煤与瓦斯突出矿井、水文地质类型复杂矿井还应设置专门的防治煤与瓦斯突出管理机构和防治水管理机构。(4) 主要负责人和安全生产管理人员的安全生产知识和管理能力经考核合格。(5) 参加工伤保险，为从业人员缴纳工伤保险费。(6) 制定重大危险源检测、评估和监控措施。(7) 制定应急救援预案，并按照规定设立矿山救护队，配备救护装备。不具备单独设立矿山救护队条件的煤矿企业，所属煤矿应当设立兼职救护队，并与邻近的救护队签订救护协议。(8) 制定特种作业人员培训计划、从业人员培训计划、职业危害防治计划等。

井工煤矿和露天煤矿取得安全生产许可证还必须满足国家规定的其他条件。

**第十八条** 煤矿企业主要负责人对本企业安全生产工作负有下列职责：

（一）建立健全并落实全员安全生产责任制，加强安全生产标准化建设；

（二）组织制定并实施安全生产规章制度和作业规程、操作规程；

（三）组织制定并实施安全生产教育和培训计划；

（四）保证安全生产投入的有效实施；

（五）组织建立并落实安全风险分级管控和隐患排查治理双重预防工作机制，督促、检查安全生产工作，及时消除事故隐患；

（六）组织制定并实施生产安全事故应急救援预案；

（七）及时、如实报告煤矿生产安全事故。

◆ 条文主旨

本条是关于煤矿企业主要负责人安全生产职责的规定。

◆ 条文释义

煤矿企业的主要负责人，作为煤矿企业的主要领导者，对煤矿企业的生产经营活动全面负责。煤矿企业的主要负责人有责任、有义务在开展生产经营活动的同时，做好企业的安全生产工作，认真贯彻落实“安全第一、预防为主、综合治理”的方针，正确处理好安全与发展、安全与效益的关系，做到生产必安全、不安全不生产。

**一、建立健全并落实全员安全生产责任制，加强安全生产标准化建设**

**1. 全员安全生产责任制。**全员安全生产责任制是企业根据安全生产法律法规和相关标准要求，根据企业生产经营的性质、特点和具体工作内容，在生产经营活动中明确所有层级、各类岗位从业人员的安全生产责任，通过加强教育培训、强化管理考核和严格奖惩等方式，建立起“层层负责、人人有责、各负其责”的安全生产工作责任体系。

根据《国务院安委会办公室关于全面加强企业全员安全生产责任制工作的通知》的规定，企业负责人应当按照以下要求建立健全并落实全员安全生产责任制：（1）依法依规制定完善企业全员安全生产责任制。按照《安全生产法》等法律法规规定，参照《企业安全生产标准化基本规范》和《企业安全生产责任体系五落实五到位规定》等有关要求，结合企业自身实际，明确从主要负责人到一线从业人员（含劳务派遣人员、实习学生等）的安全生产责任、责任范围和考核标准。安全生产责任制应覆盖本企业所有组织和岗位，其责任内容、范围、考核标准要简明扼要、清晰明确、便于操作、适时更新。企业一线从业人员的安全生产责任制，要力求通俗易懂。（2）加强企业全员安全生产责任制公示。企业要在适当位置对全员安全生产责任制进行长期公示。公示的内容主要包括：所有层级、所有岗位的安全生产责任、安全生产责任范围、安全生产责任考核标准等。（3）加强企业全员安全生产责任制教育培训。企业主要负责人要指定专人组织制定并实施本企业全员安全生产教育和培训计划。企业要将全员安全生产责任制教育培训工作纳入安全生产年度培训计划，通过自行组织或者委托具备安全培训条件的中介服务机构等实施。要通过教育培训，提升所有从业人员的安全技能，培养良好的安全习惯。要建立健全教育培训档案，如实记录安全生产教育和培训情况。（4）加强落实企业全员安全生产责任制的考核管理。企业要建立健全安全生产责任制管理考核制度，对全员安全生产责任制落实情况进行考核管理。要健全激励约束机制，通过奖励主动落实、全面落实责任，惩处不落实责任、部分落实责任，不断激发全员参与安全生产工作的积极性和主动性，形成良好的安全文化氛围。

**2. 安全生产标准化建设。**《中共中央 国务院关于推进安全生产领域改革发展的意见》提出，大力推进企业安全生产标准化建设，实现安全管理、操作行为、设备设施和作业环境的标准化。为了落实该意见精神，原国家煤矿安全监察局印发了《煤矿安全生产标准化管理体系考核定级办法（试行）》和《煤矿安全生产标准化管理体系基本要求及评分方法（试行）》，对煤矿企业安全生产标准化建设作出详细规定。

近年来，煤矿安全生产标准化建设的内涵不断发展丰富，从开始的工程质量管理，逐步发展成为一套具有中国特色的管理要素完备、自主运行、动态达标、持续改进的煤矿安全生产标准化管理体系。煤矿企业通过树立安全生产理念和目标，实施安全承诺，设置安全生产管理机构，落实安全生产责任制和管理制度，提升从业人员素质，开展安全风险分级管控和隐患排查治理，加强现场管理，强化外包工程管理，不断规范、持续改进安全生产管理，建立标准化管理体系，较好地实现了安全发展、科学发展。实践证明，随着煤矿安全生产标准化建设的不断加强，煤矿安全基础得到了不断夯实，安全保障能力得到了持续提升，煤矿安全生产形势实现了持续稳定向好。

## 二、组织制定并实施安全生产规章制度和作业规程、操作规程

**1. 组织制定并实施安全生产规章制度。**安全生产规章制度是煤矿企业安全生产工作的重要保障，关于煤矿企业应当建立健全的规章制度详见本条例第四条释义有关内容。企业主要负责人应当严格按照要求组织制定并实施。

**2. 组织制定并实施作业规程。**作业规程，一般是指煤矿在进行某一单位工程前，针对现场条件、预期目标而制定的具有法律效力的规范性文件，一般包括作业目标、作业程序、作业要求、作业风险及安全措施等内容。作业规程包括掘进工作面作业规程、回采

工作面作业规程等，作业规程的具体编制要求可参见《煤矿作业规程编制指南》（成家钰，煤炭工业出版社）。

**3. 组织制定并实施操作规程。**操作规程，一般是指煤矿各业务部门为保证本部门的生产、业务能够安全、稳定、有效运转而制定的，相关人员在生产经营活动中必须遵循的程序或者步骤。煤矿企业主要负责人应当结合本单位的实际情况，组织有关业务部门和工程技术人员制定各项操作规程，并严格贯彻落实。

### 三、组织制定并实施安全生产教育和培训计划

煤矿企业主要负责人对本企业从业人员安全培训工作全面负责。煤矿企业应当建立完善安全教育培训管理制度，制定年度安全教育培训计划，明确负责安全教育培训工作的机构，配备专职或者兼职安全教育培训管理人员，按照国家规定的比例提取教育培训经费。具备《安全培训机构基本条件》（AQ/T 8011）规定的安全培训条件的煤矿企业可以以自主培训为主，也可以委托具备安全培训条件的机构进行安全培训。不具备安全培训条件的煤矿企业应当委托具备安全培训条件的机构进行安全培训。

### 四、保证安全生产投入的有效实施

安全生产投入是保障煤矿企业具备安全生产条件的必要物质基础。煤矿企业为了具备法律、行政法规以及国家标准或者行业标准规定的安全生产条件，必然需要一定的资金投入，用于安全设施设备建设、安全防护用品配备等。从对大量生产安全事故的分析可以看出，煤矿企业安全投入不足是导致事故发生的重要原因之一。煤矿企业的资金投入，一般都是由主要负责人决策。有些煤矿企业主要负责人认为安全生产投入会影响经济效益，或者存在侥幸心理，不想或者不愿在安全方面过多地投入。因此，本条例和有关法律、

行政法规、规章要求生产经营单位必须保障安全生产投入。煤矿企业的主要负责人应当保证本单位有安全生产投入，并保证这项投入真正用于本单位的安全生产工作，坚持安全第一，统筹好安全与生产的关系，确保安全生产。

**五、组织建立并落实安全风险分级管控和隐患排查治理双重预防工作机制，督促、检查安全生产工作，及时消除事故隐患**

2016 年，国务院安委会办公室下发了《关于实施遏制重特大事故工作指南构建双重预防机制的意见》，同年中共中央、国务院印发的《关于推进安全生产领域改革发展的意见》明确提出，构建风险分级管控和隐患排查治理双重预防工作机制，严防风险演变、隐患升级导致生产安全事故发生。2021 年，《中华人民共和国安全生产法》进行了修改，在生产经营单位主要负责人职责中明确要求组织建立并落实安全风险分级管控和隐患排查治理双重预防工作机制，督促、检查本单位的安全生产工作，及时消除生产安全事故隐患。煤矿企业主要负责人应当按照上述要求，制定安全风险分级管控制度，科学确定安全风险辨识程序和方法，全面开展安全风险辨识，有效管控安全风险。同时，要建立完善隐患排查治理制度，制定符合企业实际的隐患排查治理清单，明确和细化隐患排查的事项、内容和频次，并将责任逐一分解落实，推动安全风险分级管控和隐患排查治理。

**六、组织制定并实施生产安全事故应急救援预案**

煤矿企业应当根据有关法律、法规、规章和相关标准，针对本单位存在的风险以及可能发生的生产安全事故的特点和危害，编制应急预案。根据《国家矿山安全监察局关于加强矿山应急救援工作的通知》的要求，预案编制要注重科学性、针对性和可操作性，与相关地方政府及其煤矿安全监管部门的预案相衔接，并按照分级属地原则向县级以上地方人民政府煤矿安全监管部门备案，抄送驻地矿山安全监察机构。同时，企业主要负责人应当组织开展矿山救援队伍建设、应急救援演练、预案修订与评估、应急物资装备建设、应急教育培训、事故救援处置等工作。

### 七、及时、如实报告煤矿生产安全事故

《生产安全事故报告和调查处理条例》第九条规定，单位负责人接到报告后，应当于1小时内向事故发生地县级以上人民政府安全生产监督管理部门和负有安全生产监督管理职责的有关部门报告。《矿山生产安全事故报告和调查处理办法》第八条规定，矿山发生事故后，矿山负责人接到报告后，应当于1小时内报告事故发生地县级及以上人民政府矿山安全监管部门，同时报告国家矿山安全监察局省级局。发生较大及以上等级事故的，可直接向省级人民政府矿山安全监管部门和国家矿山安全监察局省级局报告。因此，煤矿企业的主要负责人应当按照本条例和其他有关法律、行政法规、规章等规定，及时、如实地报告煤矿生产安全事故，不得隐瞒不报、谎报或者迟报。

**第十九条** 煤矿企业应当设置安全生产管理机构并配备专职安全生产管理人员。安全生产管理机构和安全生产管理人员负有下列安全生产职责：

（一）组织或者参与拟订安全生产规章制度、作业规程、操作规程和生产安全事故应急救援预案；

（二）组织或者参与安全生产教育和培训，如实记录安全生产教育和培训情况；

（三）组织开展安全生产法律法规宣传教育；

（四）组织开展安全风险辨识评估，督促落实重大安全风险管控措施；

（五）制止和纠正违章指挥、强令冒险作业、违反规程的行为，发现威胁安全的紧急情况时，有权要求立即停止危险区域内的作业，撤出作业人员；

（六）检查安全生产状况，及时排查事故隐患，对事故隐患排查治理情况进行统计分析，提出改进安全生产管理的建议；

（七）组织或者参与应急救援演练；

（八）督促落实安全生产整改措施。

煤矿企业应当配备主要技术负责人，建立健全并落实技术管理体系。

### ◆ 条文主旨

本条是关于煤矿企业安全生产和技术管理机构及其人员配备、职责的规定。

### ◆ 条文释义

#### 一、安全生产管理机构和人员

煤矿生产建设活动的安全进行，除了必要的物质条件和制度保障外，还要从机构人员上加以保障，应当有专门的安全生产管理机构和人员从事安全生产管理工作，对煤矿的安全生产工作进行经常性检查，及时督促处理检查中发现的安全生产问题，及时督促排除事故隐患，提出改进安全生产工作的建议。

**1. 应当设置安全生产管理机构并配备专职安全生产管理人员。**

这里讲的“安全生产管理机构”，是指生产经营单位内部设立的专门负责安全生产管理事务的独立的部门。“专职安全生产管理人员”，是指在生产经营单位中专门负责安全生产管理、不再兼任其他工作的人员。同时，根据《中共中央办公厅 国务院办公厅关于进一步加强矿山安全生产工作的意见》的规定，涉矿中央企业总部和涉矿大中型企业应当配备安全总监。

**2. 安全生产管理人员任免告知**。为了加强对煤矿的安全管理，及时了解、掌握安全生产管理人员的配备及调整情况，根据《中华人民共和国安全生产法》第二十六条的规定，煤矿企业安全生产管理人员的任免，应当告知主管的负有煤矿安全生产监督管理职责的部门。这里讲的告知，是一种告知性备案，仅是向主管的负有煤矿安全生产监督管理职责的部门告知，不是审批。这样规定，有利于煤矿企业与有关主管部门就安全生产工作加强沟通。煤矿企业有权任免安全生产管理人员，这是一项生产经营自主权利，主管的负有安全生产监督管理职责的部门不得干涉。

## 二、技术管理体系

《国务院关于进一步加强企业安全生产工作的通知》规定，要落实煤矿企业安全生产主体责任，全面加强企业安全技术管理，提高煤矿企业安全技术水平和安全技术保障能力。《国家安全监管总局 国家煤矿安监局关于进一步加强煤矿企业安全技术管理工作的指导意见》明确规定，煤矿企业要建立健全以总工程师为首的安全技术管理体系，总工程师应为同级领导班子成员。

**1. 技术管理机构**。煤矿企业应当建立健全与本企业生产规模、人员数量、灾害类型及程度等相适应的技术管理机构。具体来讲，大中型煤矿企业应当建立健全生产、通风、机电运输、地测等机构，并针对本企业灾害类型和程度，设置相应的专门技术管理机构。在此基础上，小型煤矿企业可结合本企业实际情况，适当精简相关技术管理机构，但应当配齐煤矿主体专业技术人员。

**2. 技术管理人员**。煤矿企业应当配备主要技术负责人和采煤、掘进、通风、机电运输、地测等煤矿主体专业技术管理人员，建立健全并落实技术管理体系。煤矿企业主要技术负责人全面负责煤矿技术管理工作，行使技术决策权和指挥权。煤（岩）与瓦斯（二氧化碳）突出、高瓦斯、冲击地压、煤层容易自燃、水文地质类型复杂和极复杂的煤矿，应当配备专职副总工程师。

**3. 煤矿上级企业主要技术负责人的审批事项**。根据《煤矿安全规程》及相关法律、法规、规章、标准的规定，煤矿需要报上级企业主要技术负责人审批的事项有：(1）建井（矿）地质报告。(2）采区地质说明书。(3）改变全矿井通风设计及安全措施。(4）开拓新水平（采区）串联通风安全措施。(5）突出矿井井巷揭煤防突专项设计。(6）区域预测结果为无突出危险区的。(7）区域防突措施的设计。(8）保护层保护效果和保护范围考察结果。(9）区域预测的临界值试验方案和考察结果、区域预测新方法的研究试验。(10）开采保护层的有效保护范围及有关参数。(11）工作面预测新方法的研究试验、工作面预测的敏感指标和临界值。(12）缩封过程安全保障措施。(13）火区注销或者启封报告。(14）火区启封计划和启封安全措施。(15）开采底板有承压含水层煤层的专项安全技术措施。(16）防水闸墙设计。(17）矿井水文地质类型报告。(18）矿井水文地质补充勘探设计、矿井水文地质补充勘探报告。(19）地面水文地质物探设计、地面水文地质物探成果报告。(20）区域疏放水方案。(21）注浆改造顶板含水层方案。(22）控制导水裂隙带高度方案。(23）疏干（降）方案。(24）带压开采专项安全技术措施。(25）疏水降压安全措施，地面区域治理或者局部注浆加固底板隔水层、改造含水层专门设计及防止淹井措施。（26）高承压岩溶含水层区域治理设计方案。（27）防隔水煤（岩）柱专门设计。（28）井筒预注浆方案。（29）注浆堵水方案。（30）帷幕注浆方案。（31）巷道超前预注浆封堵加固方案。（32）排水能力和水仓容量专门设计。（33）煤矿防治水“三区”管理报告。（34）缓采区转换报告、禁采区转换报告。（35）其他应当由企业主要技术负责人审批的事项。

**第二十条** 煤矿企业从业人员负有下列安全生产职责：

（一）遵守煤矿企业安全生产规章制度和作业规程、操作规程，严格落实岗位安全责任；

（二）参加安全生产教育和培训，掌握本职工作所需的安全生产知识，提高安全生产技能，增强事故预防和应急处理能力；

（三）及时报告发现的事故隐患或者其他不安全因素。

对违章指挥和强令冒险作业的行为，煤矿企业从业人员有权拒绝并向县级以上地方人民政府负有煤矿安全生产监督管理职责的部门、所在地矿山安全监察机构报告。

煤矿企业不得因从业人员拒绝违章指挥或者强令冒险作业而降低其工资、福利等待遇，无正当理由调整工作岗位，或者解除与其订立的劳动合同。

## ◆条文主旨

本条是关于煤矿企业从业人员安全生产职责的规定。

◆ 条文释义

**一、遵守煤矿企业安全生产规章制度、作业规程、操作规程，严格落实岗位安全责任**

煤矿企业从业人员在生产过程中，应当严格遵守各项安全生产规章制度和操作规程，服从管理。单位的负责人和管理人员有权依照规章制度和操作规程进行安全管理，监督检查从业人员遵章守规的情况。

**二、参加安全生产教育和培训，掌握本职工作所需的安全生产知识，提高安全生产技能，增强事故预防和应急处理能力**

煤矿从业人员应当掌握以下知识和技能：煤矿安全生产规章制度和操作规程、煤矿开采基础知识、煤矿灾害防治基础知识、劳动防护用品的正确使用、紧急避险与自救互救知识等。

**三、及时报告发现的事故隐患或者其他不安全因素**

煤矿企业从业人员直接从事具体的生产活动，更容易发现事故隐患或者其他不安全因素。一旦发现事故隐患或者其他不安全因素，应当立即向现场安全管理人员或者本单位负责人报告，不得隐瞒不报或者拖延报告。及时报告对及时消除事故隐患和其他不安全因素，进而采取必要的安全防范措施，具有十分重要的意义。可以说，从业人员报告得越早，事故隐患或者其他不安全因素可能造成的危害就越小。报告事故隐患和其他不安全因素，贵在及时，重在如实，既不能夸大事实，也不能大事化小，以免影响对其进行正确处置。同时，接到报告的有关人员应当及时处理，不得拖延。

值得注意的是，煤矿企业从业人员除了履行本条规定的三项义务外，还应当履行其他条款关于从业人员义务的相关规定，如特种作业人员应当按照国家有关规定经专门的安全技术培训和考核合格，并取得相应资格后方可上岗作业。

**四、对违章指挥和强令冒险作业的行为，煤矿企业从业人员有权拒绝并报告**

实践中，部分煤矿企业负责人、管理人员存在违章指挥或者强令从业人员冒险作业而导致事故发生的情况，为此本条例赋予从业人员拒绝违章指挥和强令冒险作业的权利，不仅是为了保护从业人员的人身安全，也是为了防止企业负责人和管理人员违章指挥，保证安全。现实中，有些煤矿企业负责人因从业人员拒绝违章指挥和强令冒险作业，就通过降低工资、福利待遇等方式对其进行打击报复，或者解除与该从业人员订立的劳动合同。本条从保护从业人员的角度出发，对这类打击报复行为予以明确禁止。

**第二十一条** 煤矿企业主要负责人和安全生产管理人员应当通过安全生产知识和管理能力考核，并持续保持相应水平和能力。

煤矿企业从业人员经安全生产教育和培训合格，方可上岗作业。煤矿企业特种作业人员应当按照国家有关规定经专门的安全技术培训和考核合格，并取得相应资格。

**◆条文主旨**

本条是关于煤矿企业主要负责人和安全生产管理人员的安全生产知识和管理能力要求，以及从业人员、特种作业人员安全生产教育和培训的规定。

## ◆ 条文释义

### 一、对煤矿企业主要负责人和安全生产管理人员的安全教育培训及考核

煤矿企业主要负责人和安全生产管理人员应当自任职之日起六个月内通过考核部门组织的安全生产知识和管理能力考核。针对实践中存在的“一考了之”现象，本条例明确规定，煤矿企业主要负责人和安全生产管理人员应当持续保持安全生产知识和管理能力水平。

一般来说，煤矿企业主要负责人应当具备下列安全生产知识和管理能力：（1）国家安全生产方针、政策和有关安全生产的法律、法规、规章及标准。（2）安全生产管理、安全生产技术基本知识和能力。（3）重大事故防范、应急管理、事故报告和调查处理的有关规定。（4）国内外先进的安全生产管理经验。（5）安全风险分级管控和事故隐患排查治理双重预防工作机制。（6）安全生产标准化管理体系。（7）典型事故和应急救援案例分析。（8）其他需要具备的知识和能力。

煤矿企业安全生产管理人员应当具备的安全生产知识和管理能力主要包括：（1）国家安全生产方针、政策和有关安全生产的法律、法规、规章及标准。（2）安全生产管理、安全生产技术等知识和能力。（3）事故报告、统计分析、调查处理程序及要求。（4）应急救援预案及演练。（5）国内外先进的安全生产管理经验。（6）安全风险分级管控和事故隐患排查治理双重预防工作机制。（7）安全生产标准化管理体系。（8）典型事故和应急救援案例分析。（9）其他需要具备的知识和能力。

需要注意的是，本条例将实际控制人纳入主要负责人范围，主要目的是打击部分煤矿企业为了逃避安全追责躲在幕后实际控制煤

矿企业生产经营活动的责任人。正常情况下，除董事长、总经理等主要负责人外，煤矿企业不应有实际控制人，因此不存在对其进行安全生产知识和管理能力考核的问题。

## 二、对煤矿企业特种作业人员的要求

特种作业人员所从事的工作，在安全要求上与企业的其他工种相比更为严格。特种作业人员在工作中接触的危险有害因素较多，危险性较大，易发生生产安全事故。事故不仅会对作业人员本人造成伤害，而且会对他人和周围设备设施造成较大危害。对特种作业人员进行专门的安全生产教育和培训，实行严格的管理，对防止和减少生产安全事故具有重要意义。

按照现行特种作业目录，煤矿井下电气作业、井下爆破作业、安全监测监控作业、瓦斯检查作业、安全检查作业、提升机操作作业、采煤机（掘进机）操作作业、瓦斯抽采作业、防突作业、探放水作业属于特种作业，这类作业人员必须经专门的安全技术培训和考核合格，取得特种作业操作证后方可上岗作业。

煤矿特种作业人员在参加资格考试前应当按照规定的培训大纲进行安全生产知识和实际操作能力的专门培训。离开特种作业岗位六个月以上但特种作业操作证仍在有效期内的特种作业人员，需要重新从事原特种作业的，应当重新进行实际操作能力考试，经考试合格后方可上岗作业。

## 三、对煤矿企业其他从业人员的要求

煤矿企业其他从业人员，是指除主要负责人、安全生产管理人员和特种作业人员以外，从事生产经营活动的其他从业人员。

煤矿企业应当按照本企业安全生产教育和培训计划的总体要求，明确负责安全培训的机构和人员，保证安全生产教育和培训经费，结合各工作岗位的特点，科学、合理地安排教育和培训工作。采取多种形式开展教育和培训，包括组织专门的安全生产教育培训班、作业现场模拟操作培训、召开事故现场分析会等，确保取得实效。煤矿企业其他从业人员的初次安全培训时间不得少于七十二学时，每年再培训的时间不得少于二十学时。培训不合格的从业人员，煤矿企业不得安排其上岗作业。

煤矿企业新上岗的井下作业人员安全培训合格后，应当在有经验的工人师傅带领下实习期满，方可独立工作。煤矿企业井下作业人员调整工作岗位或者离开本岗位一年以上重新上岗前，以及煤矿企业采用新工艺、新技术、新材料或者使用新设备的，应当对其进行相应的安全培训，经培训合格后，方可上岗作业。

煤矿企业从业人员应当熟知各类灾害避灾路线、地面建筑场所的安全疏散通道和自救逃生方法；不熟悉避灾逃生路线，或者不能熟练使用自救器等紧急自救装备的，不得安排上岗作业。

**第二十二条**　煤矿企业应当为煤矿分别配备专职矿长、总工程师，分管安全、生产、机电的副矿长以及专业技术人员。

对煤（岩）与瓦斯（二氧化碳）突出、高瓦斯、冲击地压、煤层容易自燃、水文地质类型复杂和极复杂的煤矿，还应当设立相应的专门防治机构，配备专职副总工程师。

## ◆ 条文主旨

本条是关于煤矿“五职”矿长和专业技术机构人员配备的规定。

◆ 条文释义

一、煤矿企业与煤矿

煤矿企业是指从事煤炭生产和煤矿建设具有法人资格的企业，煤矿是指直接从事煤炭生产和煤矿建设的业务单元，即煤矿企业是煤矿的上级公司。

**1. 在企业层面，**应当履行安全生产主体责任，加强对本企业及所属煤矿的安全生产管理，建立健全并落实全员安全生产责任制和安全生产规章制度，健全完善安全和技术管理机构，加大对安全生产资金、物资、技术、人员的投入保障力度，改善安全生产条件，加强安全生产标准化、信息化建设，构建安全风险分级管控和事故隐患排查治理双重预防机制，健全风险防范化解机制，提高安全生产水平，定期对所属煤矿进行安全检查，确保安全生产。

**2. 在煤矿层面，**应当健全完善安全和技术管理机构，按照规定配备“五职”矿长和安全技术管理人员，严格遵守本条例关于主要生产系统和安全设施、专项设计、危险作业、安全风险分级管控、事故隐患排查治理等相关规定。

二、灾害严重煤矿的机构和人员配置

煤（岩）与瓦斯（二氧化碳）突出、高瓦斯、冲击地压、煤层容易自燃、水文地质类型复杂和极复杂煤矿的灾害防治是专业性、技术性很强的工作，其工艺和管理要求更高，仅靠一般管理手段难以从根本上解决问题，需要系统化管控，层层把关，尤其需要煤矿企业高度重视，建立健全技术管理体系，配备专职副总工程师，设立专门的职能部门并赋予其相应职责，确保有专门机构、专门人员进行全过程综合管理。

**第二十三条** 煤矿企业应当按照国家有关规定建立健全领导带班制度并严格考核。

井工煤矿企业的负责人和生产经营管理人员应当轮流带班下井，并建立下井登记档案。

## ◆条文主旨

本条是关于煤矿企业领导带班制度的规定。

## ◆条文释义

### 一、建立健全煤矿企业领导带班制度

煤矿企业领导是煤矿安全生产管理的组织管理者，是落实各项安全管理措施的直接领导者。《国务院关于进一步加强企业安全生产工作的通知》明确要求，要强化生产过程管理的领导责任。企业主要负责人和领导班子成员要轮流现场带班。原国家安全生产监督管理总局制定的《煤矿领导带班下井及安全监督检查规定》，以部门规章的形式对煤矿领导带班下井制度作出细化规定。需要注意的是，领导带班制度既包括井工煤矿也包括露天煤矿，这是本条例的新规定。具体带班制度可以从煤矿企业和煤矿两个层面予以落实，在严格遵守《煤矿领导带班下井及安全监督检查规定》基础上，分别对其带班地点、工作内容、应急处置等进行细化规定。

### 二、井工煤矿企业的负责人和生产经营管理人员应当轮流带班下井

井工煤矿要按照《煤矿领导带班下井及安全监督检查规定》的规定带班下井。煤矿领导升井后，应当及时将下井的时间、地

点、经过路线、发现的问题及处理情况、意见等有关情况进行登记，并由专人负责整理和存档备查。煤矿领导带班下井的相关记录和煤矿井下人员位置监测系统存储信息保存期不少于一年。

**第二十四条** 煤矿企业应当为从业人员提供符合国家标准或者行业标准的劳动防护用品，并监督、教育从业人员按照使用规则佩戴、使用。

煤矿井下作业人员实行安全限员制度。煤矿企业应当依法制定井下工作时间管理制度。煤矿井下工作岗位不得使用劳务派遣用工。

### ◆ 条文主旨

本条是关于煤矿企业劳动防护和井下作业人员特殊管理的规定。

### ◆ 条文释义

**一、煤矿企业应提供合格的劳动防护用品并督促、教育从业人员正确佩戴、使用**

劳动防护用品是保护从业人员安全所采取的必不可少的辅助措施，在某种意义上它是保障从业人员生命安全健康的最后一道防线。因此，煤矿企业为从业人员提供符合国家标准或者行业标准的合格劳动防护用品，对保障从业人员生命安全和身体健康，防止生产安全事故具有十分重要的作用。

需要注意的是，煤矿企业应当建立健全劳动防护用品的购买、验收、保管、发放、使用、更换和报废等管理制度，把劳动防护用品发放到从业人员手中，不得以货币或者其他物品替代，按照使用要求在从业人员使用前进行必要的检查。煤矿企业从业人员可能存在缺乏相关操作知识、安全意识不强、图省事等问题，导致无法正确佩戴和使用劳动防护用品，从而产生事故隐患。因此，本条规定煤矿企业应当监督、教育从业人员按照使用规则佩戴和使用劳动防护用品，从而确保劳动防护用品真正发挥效用。

## 二、煤矿井下安全限员及劳动用工管理

**1. 安全限员。**煤矿井下作业人员实行安全限员制度，主要是为了提高煤矿安全保障能力和生产效率，引导和推动煤矿企业加强机械化、自动化、信息化、智能化建设，简化生产系统，优化劳动组织，减少井下作业人数，从源头上防控群死群伤事故风险。具体入井作业人数按照《煤矿单班入井（坑）作业人数限员规定》的规定执行。

**2. 依法制定井下工作时间管理制度。**煤矿井下作业人员工作时间过长，得不到合理休息，是事故发生的重要原因之一。《国家煤矿安全监察局 人力资源和社会保障部 国家能源局 中华全国总工会关于进一步规范煤矿劳动用工促进煤矿安全生产的指导意见》指出，煤矿企业应当依法制定从业人员工作时间管理制度，严格遵守国家关于劳动者工作时间、延长工作时间的相关规定，其中，井下作业人员每日工作时间（包含从井口到作业地点往返时间等）不超过 8 小时，每周工作时间不超过 40 小时。确因生产经营需要，经与工会和从业人员协商后可以延长工作时间，一般每日不得超过 1 小时；因特殊原因需要延长工作时间的，在保障从业人员身体健康的条件下延长工作时间每日不得超过 3 小时，但是每月不得超过 36 小时。煤矿企业安排井下作业人员延长工作时间的，应依法安排补休或者支付加班工资。鼓励有条件的煤矿企业通过优化采掘设

计、改进劳动组织、升级技术装备等措施，减少夜班作业，逐步取消非智能化采掘工作面的夜班作业。

**3. 井下工作岗位禁止使用劳务派遣用工。**实践中，部分煤矿企业在危险岗位使用劳务派遣用工或者采取所谓劳务外包等方式规避用工责任和安全生产责任的问题较为突出。《中华人民共和国劳动合同法》规定，劳务派遣用工是补充形式，只能在临时性、辅助性或者替代性的工作岗位上实施。《国家煤矿安全监察局 人力资源和社会保障部 国家能源局 中华全国总工会关于进一步规范煤矿劳动用工促进煤矿安全生产的指导意见》指出，煤矿井下工作岗位是煤矿企业主营业务岗位，不得采取劳务派遣用工。各地区要采取以转为劳动合同制用工为主的方式，有序将劳务派遣用工转为直接用工或实施转岗，推动煤矿企业在2021年底前逐步取消井下劳务派遣用工。同时，要严格控制非主营业务岗位劳务派遣用工。《中共中央办公厅 国务院办公厅关于进一步加强矿山安全生产工作的意见》进一步强调，取消井下劳务派遣用工。因此，本条规定，煤矿井下工作岗位不得使用劳务派遣用工。

煤矿企业可以委托专业化队伍开展设备安装、拆除、打钻、技术服务等工作。

**第二十五条**　煤矿企业使用的安全设备的设计、制造、安装、使用、检测、维修、改造和报废，应当符合国家标准或者行业标准。

煤矿企业应当建立安全设备台账和追溯、管理制度，对安全设备进行经常性维护、保养并定期检测，保证正常运转，对安全设备购置、入库、使用、维护、保养、检测、维修、改造、报废等进行全流程记录并存档。

煤矿企业不得使用应当淘汰的危及生产安全的设备、工艺，具体目录由国家矿山安全监察机构制定并公布。

◆ 条文主旨

本条是关于煤矿企业安全设备管理的规定。

◆ 条文释义

安全设备，主要是指为了保护从业人员安全、防止生产安全事故发生，以及在发生生产安全事故时用于救援而安装使用的设备。安全设备包括矿山井下特种设备，以及矿山井下特种设备之外的安全设备。按照《中华人民共和国安全生产法》规定，矿山井下特种设备执行安全标志管理。为强化煤矿企业对安全设备的管理，本条从以下几个方面作出规定。

**一、煤矿安全设备应当符合国家标准或者行业标准**

安全设备的质量好坏和使用是否得当，直接关系到煤矿开采活动是否安全，以及在发生事故时能否及时救援、减少损失。实践中，因安全设备的设计、生产、安装、检测、使用、维护、改造和报废不符合国家标准或者行业标准而导致生产安全事故发生或者损失扩大的情况屡见不鲜。为了防止类似事故的发生，需要对安全设备进行全方位、全过程管理。

安全设备管理比较复杂，涉及设计、生产、安装等多个环节，因此必须通过制定相关标准规范，使得安全设备的设计、生产、安装、检测、使用、维护、改造和报废等环节都符合安全技术要求。本条第一款与《中华人民共和国标准化法》《中华人民共和国安全生产法》等相衔接，规定煤矿安全设备从设计到报废的各个环节均应当符合保障安全生产的国家标准或者行业标准。

## 二、煤矿安全设备应当进行经常性维护、保养并定期检测

为强化煤矿安全设备的购置、入库、使用、维护、保养、检测、改造、报废等责任，本条规定煤矿企业应通过建立设备台账和设备档案管理制度、使用维护制度、使用追溯制度，促使煤矿相关人员严格按照要求购置、入库、使用、维护、保养、检测、改造、报废煤矿安全设备，并进行全流程记录和存档。记录的内容，一般应当包括时间、地点、人员、安全设备的名称，如对安全设备进行维护、保养和检测，则应记录发现的问题和问题的处理情况等。记录及存档是相关工作开展的见证，是重要的追溯资料，也是相关单位履行义务的凭证。

## 三、煤矿禁止使用危及生产安全的设备、工艺

设备、工艺在煤矿生产经营中属于物的因素，相对于人的因素来讲，物的因素对生产安全的影响是一种“硬约束”，只要使用不符合生产要求的工艺、设备，即使安全生产管理得再好，人的作用发挥得再充分，也极有可能发生生产安全事故。2016 年，重庆市永川区金山沟煤业有限责任公司发生特别重大瓦斯爆炸事故。事故调查组查明，金山沟煤矿在超层越界违法开采区域采用国家明令禁止使用的“巷道式采煤”（系指不能形成全风压通风，没有两个安全出口，以掘代采的采煤方式）工艺进行采煤作业，是导致事故发生的直接原因之一，教训十分惨痛。因此，对于严重危及生产安全的工艺、设备，必须明令禁止或者予以淘汰。国家矿山安全监察机构即国家矿山安全监察局，负责制定并公布煤矿明令禁止及应当淘汰的危及生产安全的工艺、设备目录。

**第二十六条** 煤矿的采煤、掘进、机电、运输、通风、排水、排土等主要生产系统和防瓦斯、防煤（岩）与瓦斯（二氧化碳）突出、防冲击地压、防火、防治水、防尘、防热害、防滑坡、监控与通讯等安全设施，应当符合煤矿安全规程和国家标准或者行业标准规定的管理和技术要求。

煤矿企业及其有关人员不得关闭、破坏直接关系生产安全的监控、报警、防护、救生设备、设施，或者篡改、隐瞒、销毁其相关数据、信息，不得以任何方式影响其正常使用。

## ◆ 条文主旨

本条是关于煤矿生产系统和安全设施管理要求的规定。

## ◆ 条文释义

### 一、对煤矿生产系统和安全设施的管理和技术要求

**1. 煤矿生产系统。**煤矿生产系统是指在煤矿生产过程中提升、运输、排水、通风、人员安全出入、材料设备的上下升降、矸石排运、供气、供电、供水等而形成的线路和设施的总称，主要包括地面生产系统和井下生产系统两大部分。煤矿生产系统是一个复杂的体系，包含煤矿开采、掘进、机电、运输、通风、排水等多个子系统，每个子系统都有其特定的作用，共同协作保障煤矿安全生产。

**2. 煤矿安全设施。**煤矿安全设施是煤矿企业为了预防生产安全事故而设置的设施、装置、构（建）筑物和其他技术措施的总称，是为煤矿生产服务、保证安全生产的保护性设施。安全设施既有依附于主体工程的形式，也有独立于主体工程之外

的形式。

煤矿生产系统和安全设施对预防和减少生产安全事故具有重要作用。有些煤矿企业为了追求经济利益，忽视煤矿生产系统和安全设施的建设和管理，不配备应有的安全设施或者配备的安全设施不符合标准，从而导致煤矿存在严重的事故隐患。因此，本条规定，煤矿的采煤、掘进、机电、运输、通风、排水、排土等主要生产系统和防瓦斯、防煤（岩）与瓦斯（二氧化碳）突出、防冲击地压、防火、防治水、防尘、防热害、防滑坡、监控与通讯等安全设施，应当符合煤矿安全规程和国家标准或者行业标准规定的管理和技术要求。

**二、对煤矿生产安全设备、设施及数据、信息的要求**

实践中，有些煤矿企业和相关人员出于节省运营成本、逃避监管等方面的考虑，关闭、破坏相关设施或者篡改、隐瞒、销毁相关数据、信息，导致相关设备、设施不能发挥应有的预防和保护作用，造成生产安全事故或者扩大事故后果。如，2022 年四川省荥经县安达煤业有限公司叶家湾凰仪煤矿“11·27”瓦斯事故发生后，当班瓦检工迅速将相关监控分站插头拔出，人为中断瓦斯监控报警数据上传。在运送伤员出井口前，矿长安排相关人员调整主井口的监控摄像头方向，隐瞒事故抢救及伤员出井情况，干扰、阻碍、对抗事故调查，严重影响事故抢救，干扰了事故调查和原因的查明，造成了不良的社会影响。为此，本条明确规定禁止煤矿企业及其有关人员关闭、破坏直接关系生产安全的监控、报警、防护、救生设备、设施，或者篡改、隐瞒、销毁其相关数据、信息，并不得以任何方式影响其正常使用。

**第二十七条**　井工煤矿应当有符合煤矿安全规程和国家标准或者行业标准规定的安全出口、独立通风系统、安全监控系统、防尘供水系统、防灭火系统、供配电系统、运送人员装置和反映煤矿实际情况的图纸，并按照规定进行瓦斯等级、冲击地压、煤层自燃倾向性和煤尘爆炸性鉴定。

井工煤矿应当按矿井瓦斯等级选用相应的煤矿许用炸药和电雷管，爆破工作由专职爆破工承担。

## ◆ 条文主旨

本条是关于井工煤矿安全管理的规定。

## ◆ 条文释义

### 一、对井工煤矿生产系统和安全设施的要求

本条第一款总结了《煤矿企业安全生产许可证实施办法》《煤矿安全规程》和国家标准或者行业标准对井工煤矿的相关规定，对井工煤矿安全出口、独立通风系统、安全监控系统、防尘供水系统、防灭火系统、供配电系统、运送人员装置、图纸，以及瓦斯等级、冲击地压、煤层自燃倾向性和煤尘爆炸性鉴定等提出了明确要求。

其中，井工煤矿生产系统和安全设施不符合煤矿安全规程和国家标准或者行业标准规定，构成重大事故隐患仍然进行生产的，应当按照本条例第六十四条进行处罚，否则，按照第六十三条第（三）项进行处罚。

## 二、煤矿灾害等级鉴定

煤矿灾害等级鉴定应当按照《煤矿安全规程》《防治煤与瓦斯突出细则》《煤矿瓦斯等级鉴定办法》《煤矿瓦斯等级鉴定信息公示制度》《煤矿瓦斯等级鉴定规范》（GB 40880）、《防治煤矿冲击地压细则》《冲击地压矿井鉴定暂行办法》《煤矿防灭火细则》《煤尘爆炸性鉴定规范》（AQ 1045）等有关规定执行。

根据《中共中央办公厅 国务院办公厅关于进一步加强矿山安全生产工作的意见》中“将煤矿灾害等级鉴定纳入安全检测检验范围”的规定，从事煤矿灾害等级鉴定的机构属于安全检测检验机构，应当按照《中华人民共和国安全生产法》的相关规定具备国家规定的资质条件方可开展鉴定业务。未按照要求进行灾害等级鉴定的，构成重大事故隐患仍然进行生产的，应当按照本条例第六十四条进行处罚，否则按照《中华人民共和国安全生产法》相关规定进行处罚。

## 三、井下爆破

煤矿许用炸药和电雷管的分级和适用范围是在长期的科学研究和生产实践中总结经验并经严格检验后确定的。不同瓦斯等级的矿井应当按照《煤矿安全规程》的规定对应使用不同等级的炸药和电雷管，二者的产品质量直接关系职工的生命安全。

井下爆破作业条件复杂，因此必须由掌握爆破安全技术专业知识、责任心强的专职爆破工承担相关工作。井下爆破作业应当严格执行爆炸物品领退、“一炮三检”和“三人连锁爆破”等制度。发爆器钥匙应当由瓦检员保管。数码电子雷管应当采用密码、指纹等技术措施确保严格执行“一炮三检”制度。

**第二十八条**　露天煤矿的采场及排土场边坡与重要建筑物、构筑物之间应当留有足够的安全距离。

煤矿企业应当定期对露天煤矿进行边坡稳定性评价，评价范围应当涵盖露天煤矿所有边坡。达不到边坡稳定要求时，应当修改采矿设计或者采取安全措施，同时加强边坡监测工作。

### ◆条文主旨

本条是关于露天煤矿安全距离与边坡管理的规定。

### ◆条文释义

#### 一、露天煤矿安全距离

安全距离，是指即使发生事故，也不至于造成严重损害的最小距离。本条第一款规定露天煤矿的采场及排土场边坡与重要建筑物、构筑物之间应当留有足够的安全距离，有利于降低设备作业对边坡稳定的影响，同时避免滑坡或者片帮可能造成的人员伤亡、设备损害和生产中断。安全距离的具体数值应当在安全设施设计中予以明确。

#### 二、露天煤矿边坡管理

本条第二款规定了露天煤矿边坡稳定性评价制度。露天煤矿边坡稳定与否直接关系到生产能否正常接续及设备和人员安全。为确保露天煤矿边坡的稳定，必须进行边坡安全稳定性评价，为露天煤矿生产设计和生产接续提供技术依据。《煤矿安全规程》第五百八十三条与本条第二款相衔接。《煤矿安全规程》第五百八十三条规定："露天煤矿应当进行专门的边坡工程、地质勘探工程和稳定性分析评价。应当定期巡视采场及排土场边坡，发现有滑坡征兆时，必须设明显标志牌。对设有运输道路、采运机械和重要设施的边坡，必须及时采取安全措施。发生滑坡后，应当立即对滑坡区采取安全措施，并进行专门的勘查、评价与治理工程设计。”2020 年，国家煤矿安全监察局发布了《露天矿边坡稳定性分析及岩移监测方法》（MT/T 1183）和《露天煤矿剥离采煤安全技术规范》（MT/T 1184），煤矿企业应当按照规程和上述标准的有关规定执行。

**第二十九条** 煤矿企业应当依法制定生产安全事故应急救援预案，与所在地县级以上地方人民政府组织制定的生产安全事故应急救援预案相衔接，并定期组织演练。

煤矿企业应当设立专职救护队；不具备设立专职救护队条件的，应当设立兼职救护队，并与邻近的专职救护队签订救护协议。发生事故时，专职救护队应当在规定时间内到达煤矿开展救援。

### ◆ 条文主旨

本条是关于煤矿企业生产安全事故应急救援预案的制定、演练和设立矿山救护队的规定。

### ◆ 条文释义

#### 一、煤矿企业应当依法制定应急救援预案，并与政府制定的应急救援预案相衔接

本条第一款规定与 2021 年修改的《中华人民共和国安全生产法》相衔接，规定煤矿企业应当依法制定生产安全事故应急救援

预案。制定应急救援预案的具体要求参见本条例第十八条释义。同时，根据《中华人民共和国安全生产法》第八十一条规定，生产经营单位的事故应急救援预案应当与所在地县级以上地方人民政府组织制定的生产安全事故应急救援预案相衔接，并定期组织演练。另外，根据《生产安全事故应急预案管理办法》的规定，煤矿企业应当在应急预案公布之日起20个工作日内，按照分级属地原则，向县级以上人民政府应急管理部门和煤矿安全监管部门进行备案，并依法向社会公布。

## 二、煤矿企业应当定期对应急救援预案组织演练

《生产安全事故应急条例》规定，矿山应当至少每半年组织1次生产安全事故应急救援预案演练，并将演练情况报送所在地县级以上地方人民政府负有安全生产监督管理职责的部门。所以，煤矿企业应当制定本单位的应急预案演练计划，根据本单位的事故风险特点，至少每半年组织1次生产安全事故应急预案演练，即两次演练的时间间隔不得超过半年。应急预案演练结束后，煤矿企业应对应急预案演练效果进行评估，撰写应急预案演练评估报告，演练情况要报送所在地矿山安全监管监察部门。

煤矿安全监管监察部门和煤矿企业要加强应急预案管理，出现应急指挥机构及其职责发生调整、安全生产面临的风险或者重要应急资源发生重大变化、在预案演练或者应急救援中发现应急预案需要修订等情况，要及时修订应急预案。煤矿企业应当每3年至少进行一次应急预案评估，修订后的应急预案要按程序重新报备。

## 三、煤矿企业设立救护队开展救援

救护队伍分为专职救护队和兼职救护队。专职救护队是处理各种灾害事故的专业队伍，是职业性、技术性的组织。发生事故时，

专职救护队应当在规定时间内到达煤矿开展救援。这里的“规定时间”，按照《煤矿安全规程》的规定，应当不超过30分钟。

当煤矿企业不具备设立专职救护队条件时，可以组建兼职救护队。这类煤矿企业主要是指煤矿生产规模较小、从业人员较少，建立专职救护队确有困难的煤矿企业。兼职救护队多由生产、辅助、安全管理、工程技术人员组成。兼职救护队队员平时从事本职工作，训练时集中训练，在发生生产安全事故时能够快速赶到事发现场，通过先期处置来减少事故损失。兼职救护队规模根据煤矿的生产规模、自然条件、灾害情况确定。

需要注意的是，不具备设立专职救护队条件的煤矿企业不仅要设立兼职救护队，还需要与邻近的专职救护队签订救护协议。在发生生产安全事故后，兼职救护队在专职救护队到达前先行实施救援。煤矿企业依托专职救护队，发挥兼职救护队的作用，这是提高煤矿企业应急能力的有效方式。

**第三十条** 煤矿企业应当在依法确定的开采范围内进行生产，不得超层、越界开采。

采矿作业不得擅自开采保安煤柱，不得采用可能危及相邻煤矿生产安全的决水、爆破、贯通巷道等危险方法。

### ◆ 条文主旨

本条是关于禁止煤矿超层、越界开采和采用危险方法采矿作业的规定。

### ◆ 条文释义

由于煤矿开采具有很大的危险性，因此强化煤矿开采安全管理工作，对减少煤矿生产安全事故，保护煤矿从业人员生命财产安全具有积极作用。

## 一、禁止煤矿超层、越界开采

根据《煤矿重大事故隐患判定标准》的规定，超层、越界开采，是指超出采矿许可证载明的开采煤层层位或者标高进行开采、超出采矿许可证载明的坐标控制范围进行开采、擅自开采（破坏）安全煤柱。

关于开采范围的界定，《中华人民共和国矿产资源法实施细则》规定，矿产资源勘查工作区范围和开采矿区范围，以经纬度划分的区块为基本单位。《矿产资源开采登记管理办法》规定，矿区范围，是指经登记管理机关依法划定的可供开采矿产资源的范围、井巷工程设施分布范围或者露天剥离范围的立体空间区域。

根据《中华人民共和国矿产资源法》《国家矿山安全监察局职能配置、内设机构和人员编制规定》等相关规定，自然资源部门负责查处矿山企业越界开采等违法行为。

## 二、禁止煤矿采用危险方法采矿作业

作为自然资源，煤炭资源分布与含煤地层的特征相关，主要矿区往往是连在一起的，多个煤矿相邻的情况较为普遍。煤矿生产危险性较高，尤其是井工煤矿生产处于地下深部，作业环境复杂恶劣，受到水、火、瓦斯、冲击地压、煤尘、顶板等灾害的威胁，一旦采煤方法或者工艺不当，极易引发生产安全事故。保安煤柱，又称安全煤柱，是在煤矿开采范围内为地面建筑和矿井生产的安全而保留的不开采的煤。如，为了保护区内地表铁路、桥梁、城镇和村庄而在相应地下区内保留的安全煤柱。《中华人民共和国矿山安全法》第十三条、第十四条明确规定，矿山开采必须具备保障安全生产的条件，执行开采不同矿种的矿山安全规程和行业技术规范。矿山设计规定保留的矿柱、岩柱，在规定的期限内，应当予以保护，不得开采或者毁坏。因此，本条第二款明确规定，采矿作业不得擅自开采保安煤柱，不得采用可能危及相邻煤矿生产安全的决水、爆破、贯通巷道等危险方法。

**第三十一条** 煤矿企业不得超能力、超强度或者超定员组织生产。正常生产煤矿因地质、生产技术条件、采煤方法或者工艺等发生变化导致生产能力发生较大变化的，应当依法重新核定其生产能力。

县级以上地方人民政府及其有关部门不得要求不具备安全生产条件的煤矿企业进行生产。

## ◆ 条文主旨

本条是关于煤矿生产组织和生产能力核定的规定。

## ◆ 条文释义

### 一、禁止超能力、超强度或者超定员组织生产

**1. 超能力。**根据《煤矿重大事故隐患判定标准》的规定，超能力是指煤矿全年原煤产量超过核定（设计）生产能力幅度在10%以上或者月原煤产量大于核定（设计）生产能力的10%、煤矿或者其上级公司超过煤矿核定（设计）生产能力下达生产计划或者经营指标。

根据《应急管理部 国家矿山安监局 国家发展改革委 国家能源局关于印发煤矿生产能力管理办法和核定标准的通知》的规定，

煤矿生产能力分为设计生产能力和核定生产能力。设计生产能力是指由依法批准的新建、改扩建煤矿和煤矿技术改造项目设计确定，建设施工单位据以建设，竣工验收确定的生产能力。核定生产能力是指正常生产煤矿，因地质、生产技术条件、采煤方法或者工艺等发生变化，致使生产能力发生较大变化时，重新核定的生产能力。有下列情形之一的煤矿，应当组织进行生产能力核定：（1）采场条件或者提升、运输、通风、排水、供电、瓦斯抽采、地面等系统（环节）之一发生较大变化。（2）实施采掘机械化、智能化改造，采煤方法、采掘（剥）生产工艺有重大改变。（3）煤层赋存条件、资源储量发生较大变化。（4）其他生产技术条件发生较大变化。

《国家矿山安全监察局职能配置、内设机构和人员编制规定》规定，国家矿山安全监察局会同有关部门指导和监督煤矿生产能力核定工作。

**2. 超强度**。根据《煤矿重大事故隐患判定标准》的规定，超强度是指煤矿开拓、准备、回采煤量可采期小于国家规定的最短时间，未主动采取限产或者停产措施，仍然组织生产的（衰老煤矿和地方人民政府计划停产关闭煤矿除外）；煤矿井下同时生产的水平超过2个，或者一个采（盘）区内同时作业的采煤、煤（半煤岩）巷掘进工作面个数超过《煤矿安全规程》规定的；瓦斯抽采不达标组织生产的。

**3. 超定员**。根据《煤矿重大事故隐患判定标准》的规定，超定员是指煤矿未制定或者未严格执行井下劳动定员制度，或者采掘作业地点单班作业人数超过国家有关限员规定20%以上的。

## 二、政府及有关部门不得要求不具备安全生产条件的煤矿企业进行生产

实践中，有些地方政府及有关部门未统筹好发展与安全之间的

关系，对不符合安全生产条件的煤矿企业下达保供指标、生产任务或者生产经营绩效指标。为防止此类行为的发生，本条第二款明确规定，县级以上地方人民政府及其有关部门不得要求不具备安全生产条件的煤矿企业进行生产。对于存在以上行为的地方政府及有关部门负有责任的领导人员和直接责任人员，应当按照本条例第七十四条第（六）项的规定依法给予处分；构成犯罪的，依法追究刑事责任。

**第三十二条** 煤矿企业应当按照煤矿灾害程度和类型实施灾害治理，编制年度灾害预防和处理计划，并根据具体情况及时修改。

### ◆条文主旨

本条是关于煤矿灾害预防和治理的规定。

### ◆条文释义

#### 一、年度灾害预防处理计划的编制和内容

**1. 定义。**煤矿企业年度灾害预防和处理计划，是根据矿井的灾害情况编制的安全管理计划，是煤矿生产建设活动必不可少的安全管理措施。由于煤矿的灾害程度和类型有所不同，煤矿企业应当按照灾害程度和类型实施分级分类治理，编制年度灾害预防和处理计划。

**2. 编制要求。**煤矿灾害预防和处理是推进安全生产治理模式向事前预防转型的关键环节。煤矿企业要重视矿井年度灾害预防和处理计划的编制，将其列入重要工作日程。矿井年度灾害预防和处

理计划由企业主要技术负责人组织通风、采掘、机电、地质、技术等部门的有关人员编制，并有矿山救护队参与。

**3. 主要内容。**年度灾害预防和处理计划内容应当包括：矿井可能发生的灾害事故分析及预防措施；根据可能发生的灾害事故特点制定的抢救措施；处理事故的组织领导和有关单位、部门及其主要负责人的任务、职责；处理各种事故必备的技术资料及有关图纸。在矿井生产过程中，随着开采情况的变化，各种灾害因素也发生变化，因此应当根据矿井自然条件和采掘工程的变化情况，定期组织有关部门对计划进行修改和补充。

## 二、未按规定编制年度灾害预防处理计划的法律责任

煤矿企业未按照本条规定编制年度灾害预防和处理计划的，属于未按规定制定并落实安全生产规章制度，应当按照本条例第六十三条第（一）项的规定予以处罚。

**第三十三条**　煤矿开采有下列情形之一的，应当编制专项设计：

（一）有煤（岩）与瓦斯（二氧化碳）突出的；

（二）有冲击地压危险的；

（三）开采需要保护的建筑物、水体、铁路下压煤或者主要井巷留设煤柱的；

（四）水文地质类型复杂、极复杂或者周边有老窑采空区的；

（五）开采容易自燃和自燃煤层的；

（六）其他需要编制专项设计的。

◆ 条文主旨

本条是关于煤矿编制专项设计的规定。

◆ 条文释义

编制专项设计是特殊地质条件煤矿的基础性工作。《中华人民共和国矿山安全法实施条例》第十九条规定在五类条件下从事矿山开采，应当编制专门设计文件。本条例针对煤矿开采独有的特点，增加了“水文地质类型复杂”“煤层容易自燃”两类需要编制专项设计的情形，还增加了第（六）项作为兜底条款。需要注意的是，由于煤矿生产技术条件的复杂性、特殊性，煤矿企业在进行灾害治理和编制专门设计时，需要“摸清底数”“心中有数”，并按现场实际条件编制，采取可靠的安全技术措施防范治理灾害，确保安全开采。

以有煤（岩）与瓦斯（二氧化碳）突出的煤矿编制专项设计为例，煤（岩）与瓦斯（二氧化碳）突出防治是专业性、技术性很强的工作，其工艺要求与一般的生产差异很大，需要采取专门的防突管理制度，并且要编制防突专项设计，详细、具体地提出防突各个环节、各项作业的要求。

**第三十四条** 在煤矿进行石门揭煤、探放水、巷道贯通、清理煤仓、强制放顶、火区密闭和启封、动火以及国家矿山安全监察机构规定的其他危险作业，应当采取专门安全技术措施，并安排专门人员进行现场安全管理。

◆ 条文主旨

本条是关于煤矿危险作业安全管理的规定。

◆ 条文释义

石门揭煤、探放水、巷道贯通、清理煤仓、强制放顶、火区密闭和启封、动火等均属于高风险作业。石门揭煤是在巷道掘进过程中，遇到煤层时揭露煤层的过程。揭煤措施执行不到位，易造成煤与瓦斯突出或者爆炸。探放水是井下防治水的重要手段，应当严格执行“三专”“两探”要求。巷道贯通会使井下通风系统发生不同程度的变化，涉及顶板、爆破和“一通三防”等多方面的安全问题。清理煤仓过程中存在较多危险因素，因煤中水分含量大，黏煤易导致落煤筒堵塞，使供煤困难，造成人身伤亡事故。强制放顶是指采煤工作面采空区基本顶长时间或者大面积不垮落时，采取的顶板爆破或者注入高压水等促使其垮落的措施，在此过程中采空区易垮落，顶板容易意外冒落引发顶板事故。火区密闭是在灾变过程中进行的密闭火区的作业，火区启封是指启封已熄灭的密闭火区，在此过程中处理不当可能导致人员中毒、火区复燃或者爆炸。动火作业是指进行焊接与热切割作业及使用喷灯、电钻、砂轮等可能产生火焰、火花和炽热表面的作业，包括电焊、气焊（割）、喷灯焊接加热及电钻、砂轮打磨等作业方式。

上述作业存在很大的危险性，因此本条明确规定，此类危险作业应当采取专门安全技术措施，并安排专门人员进行现场安全管理。危险作业，除上述列明的情形外，还包括国家矿山安全监察局以行政规范性文件规定的危险作业。

**第三十五条** 煤矿企业应当建立安全风险分级管控制度，开展安全风险辨识评估，按照安全风险分级采取相应的管控措施。

煤矿企业应当建立健全事故隐患排查治理制度，采取技术、管理措施，及时发现并消除事故隐患。事故隐患排查治理情况应当如实记录，并定期向从业人员通报。重大事故隐患排查治理情况的书面报告经煤矿企业负责人签字后，每季度报县级以上地方人民政府负有煤矿安全生产监督管理职责的部门和所在地矿山安全监察机构。

煤矿企业应当加强对所属煤矿的安全管理，定期对所属煤矿进行安全检查。

## ◆条文主旨

本条是关于煤矿安全风险分级管控和事故隐患排查治理双重预防机制的规定。

## ◆条文释义

### 一、有关安全风险的规定

安全风险管理是指通过识别生产经营活动中存在的危险有害因素，运用定性或者定量的统计分析方法确定其风险严重程度，进而确定风险控制的优先顺序和风险控制措施，以达到改善安全生产环境、减少和杜绝生产安全事故的目标而采取的措施和规定。根据《国务院安委会办公室关于实施遏制重特大事故工作指南构建双重预防机制的意见》的规定，可将安全风险等级从高到低划分为重大风险、较大风险、一般风险和低风险，分别用红、橙、黄、蓝四种颜色标示。企业安全风险分级管控应遵循“分类、分级、分层、分专业”的方法，按照风险分级管控的基本原则开展。作为高危行业，煤矿企业更应当建立安全风险分级管控制度，开展安全风险辨识评估，按照安全风险分级采取相应的管控措施，制定工作方案，逐一落实企业、煤矿、区队、班组和岗位的管控责任，尤其要强化对存在重大安全风险的生产经营系统、生产区域、岗位的重点管控。

## 二、有关事故隐患排查治理制度的规定

按照本条第二款的规定，煤矿企业应当履行以下事故隐患排查治理的义务：

**1. 建立健全事故隐患排查治理制度。**隐患排查主要包括日常隐患排查、综合性隐患排查、专业性隐患排查、季节性隐患排查、重大活动及节假日前隐患排查等。同时，要落实全员参与事故隐患排查治理责任，即纵向上落实从主要负责人到从业人员的隐患排查治理责任，横向上落实从安全生产管理部门到技术、工艺、设备等相关管理部门的隐患排查治理责任，明确隐患排查治理各个参与者的排查周期和排查内容。

**2. 定期向从业人员通报事故隐患排查治理情况。**为保障从业人员的知情权和监督权，本条第二款规定煤矿企业应当如实记录事故隐患排查治理情况，并定期向从业人员通报。

**3. 重大事故隐患排查治理实行“双报告”制度。**为监督煤矿企业开展重大事故隐患排查治理，保障煤矿企业安全生产，本条第二款特别规定，重大事故隐患排查治理情况的书面报告经煤矿企业负责人签字后，每季度报县级以上地方人民政府负有煤矿安全生产监督管理职责的部门和所在地矿山安全监察机构。

## 三、有关煤矿企业加强对所属煤矿的安全管理的规定

**1. 煤矿企业对煤矿的安全管理责任。**在煤矿安全生产实践中，有些煤矿存在安全管理体系混乱、技术管理水平低等问题，其根源是其上级企业责任悬空，甚至漏管失控。为切实解决一些煤矿企业对所属煤矿安全生产管理不作为、少作为、乱作为等问题，建立并落实“人人有责、层层负责、各负其责”的安全生产责任体系，本条规定煤矿企业要切实加强对所属煤矿的安全管理，重点包括落实主要负责人法定职责、安全责任体系建设、安全生产规章制度制定实施、现场安全管理、考核奖惩等方面。

**2. 煤矿企业应当定期对所属煤矿进行安全检查。**安全检查应当具有针对性，突出现场安全状况检查。要确定检查周期并定期组织实施，这里的“定期”包括各级煤矿安全监管监察部门以行政规范性文件规定的期限和频次，也包括煤矿企业制定的相关规章制度规定的期限和频次。

**3. 安全监管监察部门对煤矿上级企业的检查。**各级煤矿安全监管监察部门应当聚焦煤矿企业落实安全生产主体责任方面存在的薄弱环节和突出问题，重点对煤矿上级企业开展检查。通过听取煤矿上级企业安全工作情况汇报，查看机构设置和人员任职文件，调阅对所属煤矿的日常安全检查记录、台账以及隐患问题整改督办台账等资料，了解其对所属煤矿的生产计划或者经营指标下达情况、安全生产资金投入保障情况等方式，验证煤矿上级企业是否按规定设置安全生产管理机构、配齐配全安全生产管理人员；控股公司对所属煤矿是否实现“真控股”；是否建立技术管理体系，落实对所属煤矿的技术管理职责；是否对所属煤矿经常性开展安全检查，落实对所属煤矿的安全管理责任；是否超能力下达或者变相超能力下达生产计划或者经营指标。

**第三十六条**　煤矿企业有下列情形之一的，属于重大事故隐患，应当立即停止受影响区域生产、建设，并及时消除事故隐患：

（一）超能力、超强度或者超定员组织生产的；

（二）瓦斯超限作业的；

（三）煤（岩）与瓦斯（二氧化碳）突出矿井未按照规定实施防突措施的；

（四）煤（岩）与瓦斯（二氧化碳）突出矿井、高瓦斯矿井未按照规定建立瓦斯抽采系统，或者系统不能正常运行的；

（五）通风系统不完善、不可靠的；

（六）超层、越界开采的；

（七）有严重水患，未采取有效措施的；

（八）有冲击地压危险，未采取有效措施的；

（九）自然发火严重，未采取有效措施的；

（十）使用应当淘汰的危及生产安全的设备、工艺的；

（十一）未按照规定建立监控与通讯系统，或者系统不能正常运行的；

（十二）露天煤矿边坡角大于设计最大值或者边坡发生严重变形，未采取有效措施的；

（十三）未按照规定采用双回路供电系统的；

（十四）新建煤矿边建设边生产，煤矿改扩建期间，在改扩建的区域生产，或者在其他区域的生产超出设计规定的范围和规模的；

（十五）实行整体承包生产经营后，未重新取得或者及时变更安全生产许可证而从事生产，或者承包方再次转包，以及将井下采掘工作面和井巷维修作业外包的；

（十六）改制、合并、分立期间，未明确安全生产责任人和安全生产管理机构的，或者在完成改制、合并、分立后，未重新取得或者及时变更安全生产许可证等的；

（十七）有其他重大事故隐患的。

◆ 条文主旨

本条是关于煤矿重大事故隐患的规定。

◆ 条文释义

一、重大事故隐患的情形

本条例在总结《国务院关于预防煤矿生产安全事故的特别规定》等相关立法经验的基础上，结合近年来煤矿典型事故教训、现行煤矿安全规定和工作实际，明确了17个方面的重大事故隐患。与《国务院关于预防煤矿生产安全事故的特别规定》相比，本条例完善了突出矿井的表述，完善并扩大了瓦斯抽采系统的要求，调整并完善了设备工艺、双回路供电、外包作业、重新或者及时变更安全生产许可证等相关情形。

新增两类重大事故隐患情形的主要考虑是：第一，监控与通讯系统对保障井下作业安全至关重要，如果不按要求建立监控与通讯系统或者系统不能正常运转，极有可能导致事故发生；第二，近年来露天煤矿边坡坍塌事故表明，边坡角大于设计最大值或者边坡发生严重变形而未采取有效措施，是一些重特大事故发生的直接原因。如，内蒙古阿拉善新井煤业有限公司露天煤矿“2·22”特别重大坍塌事故。

### 二、重大事故隐患判定标准

相关具体情形的判定标准应当结合《煤矿重大事故隐患判定标准》《国家矿山安全监察局关于认定露天煤矿重大事故隐患情形的通知》等执行。

需要注意的是，有关部门在执行过程中，应当将煤矿因存在重大事故隐患而责令立即停止生产建设的范围严格限定在“受影响区域”。同时，煤矿企业对于重大事故隐患，一定要深入自查并及时进行整改。

**第三十七条**　煤矿企业及其有关人员对县级以上人民政府负有煤矿安全生产监督管理职责的部门、国家矿山安全监察机构及其设在地方的矿山安全监察机构依法履行职责，应当予以配合，按照要求如实提供有关情况，不得隐瞒或者拒绝、阻挠。

对县级以上人民政府负有煤矿安全生产监督管理职责的部门、国家矿山安全监察机构及其设在地方的矿山安全监察机构查处的事故隐患，煤矿企业应当立即进行整改，并按照要求报告整改结果。

## ◆ 条文主旨

本条是关于煤矿企业及其有关人员配合矿山安全监管监察部门履行监督检查职责的规定。

## ◆ 条文释义

### 一、煤矿企业及其有关人员配合监督检查的义务

在煤矿安全生产实践中，有些煤矿企业采用假工作面、假密

闭、假图纸、假数据、假回撤等手段蓄意逃避监管，从而导致事故发生。隐瞒或者拒绝、阻挠监管监察部门的监督检查，不仅违反了相关法律规定，也不利于企业安全发展。因此，本条第一款的规定，煤矿企业及有关人员有接受监管监察部门依法进行监督检查的义务，对安全生产监督检查人员依法履行监督检查职责应当予以配合，按照要求如实提供有关情况，不得隐瞒或者拒绝、阻挠，包括允许监督检查人员进入相关场所实施现场检查，如实提供监督检查人员依法调阅的有关资料，为检查有关设施、设备等提供便利条件等。

**二、煤矿企业应对查处的隐患及时整改**

按照落实安全生产主体责任的要求，煤矿企业除了应当建立健全事故隐患排查治理制度，及时发现并消除事故隐患之外，对于监管监察部门在监督检查中查处的隐患，应当立即进行整改，并按照要求报告整改结果。其中，因存在重大事故隐患依法被责令停产整顿的，煤矿企业应当制定整改方案。整改结束后要求恢复生产的，应当向县级以上地方人民政府负有煤矿安全生产监督管理职责的部门申请验收。验收合格的，经县级以上地方人民政府负有煤矿安全生产监督管理职责的部门主要负责人签字，并经所在地矿山安全监察机构审核同意，报本级人民政府主要负责人批准后，方可恢复生产。

**第三十八条** 煤矿企业应当及时足额安排安全生产费用等资金，确保符合安全生产要求。煤矿企业的决策机构、主要负责人对由于安全生产所必需的资金投入不足导致的后果承担责任。

### ◆ 条文主旨

本条是关于煤矿企业安全生产投入的规定。

### ◆ 条文释义

煤矿企业要达到本条例和相关法律法规规定的安全生产条件，必须要有一定的资金保证，这些资金一般用于安全设施的建设、安全设备的购置、劳动防护用品的配备，以及安全设备的检测、维护、保养等。

《企业安全生产费用提取和使用管理办法》规定，煤炭生产企业依据当月开采的原煤产量，于月末提取企业安全生产费用。提取标准如下：（1）煤（岩）与瓦斯（二氧化碳）突出矿井、冲击地压矿井吨煤50元。（2）高瓦斯矿井，水文地质类型复杂、极复杂矿井，容易自燃煤层矿井吨煤30元。（3）其他井工矿吨煤15元。（4）露天矿吨煤5元。矿井瓦斯等级划分执行《煤矿安全规程》和《煤矿瓦斯等级鉴定办法》的规定；矿井冲击地压判定执行《煤矿安全规程》和《防治煤矿冲击地压细则》的规定；矿井水文地质类型划分执行《煤矿安全规程》和《煤矿防治水细则》的规定。多种灾害并存矿井，从高提取企业安全生产费用。

本条例与《中华人民共和国安全生产法》等法律相衔接，明确了资金保证义务的承担主体，即煤矿企业的决策机构、主要负责人。他们需要保证安全生产所必需的资金投入，同时对因安全投入不足导致的后果承担法律责任。

# 第三章 煤矿安全生产监督管理

**第三十九条** 煤矿安全生产实行地方党政领导干部安全生产责任制，强化煤矿安全生产属地管理。

## ◆条文主旨

本条是关于地方党政领导干部安全生产责任制的规定。

## ◆条文释义

按照“国家监察、地方监管、企业负责”的矿山安全监管监察体制，地方政府作为本行政区域内社会经济活动的组织与管理者，应当本着对人民的利益高度负责的态度，从改革发展稳定的大局出发，高度重视煤矿安全生产工作，严格认真履行法律、法规规定的安全生产监管职责。

### 一、地方党政领导干部安全生产责任制

近年来发生的煤矿重特大事故暴露出一些地方党委和政府存在统筹发展与安全有差距、贯彻安全生产方针政策不力、落实属地管

理责任不到位等突出问题，影响煤矿安全高质量发展。2018 年，中共中央办公厅、国务院办公厅印发了《地方党政领导干部安全生产责任制规定》，首次以党内法规的形式，对县级以上地方各级党委和政府领导班子成员的安全生产职责、考核考察、表彰奖励、责任追究进行了明确具体地规定。本条例通过衔接《地方党政领导干部安全生产责任制规定》，进一步强化煤矿安全生产属地管理，推动地方党政领导齐抓共管、履职尽责、主动作为，履行“促一方发展、保一方平安”的政治责任，以高水平安全保障高质量发展。

《地方党政领导干部安全生产责任制规定》规定，地方各级党委和政府主要负责人是本地区安全生产第一责任人，班子其他成员对分管范围内的安全生产工作负领导责任。县级以上地方各级政府原则上由担任本级党委常委的政府领导干部分管安全生产工作，其安全生产职责主要包括：（1）组织制定贯彻落实党中央、国务院以及上级及本级党委和政府关于安全生产决策部署，安全生产方针政策、法律法规的具体措施。（2）协助党委主要负责人落实党委对安全生产的领导职责，督促落实本级党委关于安全生产的决策部署。（3）协助政府主要负责人统筹推进本地区安全生产工作，负责领导安全生产委员会日常工作，组织实施安全生产监督检查、巡查、考核等工作，协调解决重点难点问题。（4）组织实施安全风险分级管控和隐患排查治理预防工作机制建设，指导安全生产专项整治和联合执法行动，组织查处各类违法违规行为。（5）加强安全生产应急救援体系建设，依法组织或者参与生产安全事故抢险救援和调查处理，组织开展生产安全事故责任追究和整改措施落实情况评估。（6）统筹推进安全生产社会化服务体系建设、信息化建设、诚信体系建设和教育培训、科技支撑等工作。

## 二、干部包保（包联）矿井安全生产工作的要求

**1. 干部包保（包联）生产建设矿井安全生产工作的六条要求：**（1）掌握矿井入井人员和井下作业场所的数量，并由企业主要负责人签字确认。（2）掌握矿山民爆物品使用量、用电量、采掘工作面产量、进尺及销售量，并由企业主要负责人签字确认。（3）检查矿井各主井口、副井口、风井口、矿石堆放场（含堆煤场）监控视频安设情况，确认正常使用并上传至县级矿山安全监管部门。（4）查看矿山企业领导值班值守在岗情况。（5）检查入井人员登记表，并与矿灯发放记录、人员位置监测系统数据交叉比对。（6）检查矿井调度室，重点查看安全监控系统运行及数据上传情况。

**2. 干部包保（包联）长期停产停建矿山安全生产工作的三条要求：**（1）远距离断电情况。（2）停供矿山民爆物品情况。（3）井口封闭情况。

**第四十条**　省、自治区、直辖市人民政府应当按照分级分类监管的原则，明确煤矿企业的安全生产监管主体。

县级以上人民政府相关主管部门对未依法取得安全生产许可证等擅自进行煤矿生产的，应当依法查处。

乡镇人民政府在所辖区域内发现未依法取得安全生产许可证等擅自进行煤矿生产的，应当采取有效措施制止，并向县级人民政府相关主管部门报告。

### ◆条文主旨

本条是关于地方政府对煤矿实施分级分类监管和无证煤矿制止

查处的规定。

◆ 条文释义

为了提高煤矿安全监管的科学性、精准性、有效性，防范遏制各类煤矿生产安全事故的发生，对煤矿企业实行分级分类监管十分必要，这也是进一步明确和夯实煤矿安全属地监管职责的有效途径。

## 一、煤矿实施分级分类监管

2019 年国务院出台的《关于加强和规范事中事后监管的指导意见》，明确了分级分类监管原则，即根据不同领域特点和风险程度，区分一般领域和可能造成严重不良后果、涉及安全的重要领域，分别确定监管内容、方式和频次，提升事中事后监管精准化水平。

**1. 分级监管**。省级人民政府要明确辖区每一个煤矿企业的安全监管主体并向社会公告。要将生产矿、基建矿、停产矿、停建矿、技改矿、整合矿、即将关闭退出矿等所有类型的矿山纳入安全监管范围，切实解决安全监管责任不明确、层层下放和“谁都监管、谁都不负责任”等问题。通过分级监管，进一步压实煤矿安全监管责任，切实消除安全监管盲区。

**2. 分类监管**。根据《关于煤矿分类监管监察工作的指导意见》，综合考虑煤矿的灾害程度和安全状况因素，将煤矿按安全保障程度从高到低确定为 A、B、C、D 四类。其中，A 类煤矿为安全保障程度较高的煤矿，B 类煤矿为安全保障程度一般的煤矿，C 类煤矿为安全保障程度较低的煤矿，D 类煤矿为长期停工停产的煤矿。对长期停工停产的 D 类煤矿，要严格落实驻矿盯守或者巡查责任；对安全保障程度较低的 C 类煤矿，要列为重点对象，加大检查频次，强化监管执法；对安全保障程度一般的B类煤矿，要保持一定的检查频次，防止安全管理滑坡；对安全保障程度较高的A类煤矿，可适当降低检查频次。同时，在日常监管中发现煤矿安全生产状况及生产建设状态发生变化的，应及时调整分类类别，并按照调整后的类别强化监管执法工作。

需要注意的是，分级分类是辩证统一的监管原则，在具体执行过程中应当防止教条僵化的按照“省、市、县、乡”等原则确定安全生产监管主体，对于灾害较重、风险较高、安全管理较差、基层监管权威不够的煤矿企业，可以适当提高其监管层级。

此外，异地办矿的煤矿企业，同样要按照“属地管理”和“分级分类”的原则明确煤矿企业及其所属煤矿的安全生产监管主体。即，煤矿企业所在地的省级人民政府要明确该煤矿企业的安全生产监管主体，分公司或者煤矿所在地的省级人民政府也要明确该分公司或者煤矿的安全生产监管主体。

## 二、对无证煤矿进行制止查处的规定

煤矿未依法取得采矿许可证、安全生产许可证等擅自进行生产，会给人民群众生命财产安全带来严重威胁。为有效打击非法煤矿，规范煤炭生产秩序，遏制重特大事故的发生，有关地方政府相关主管部门应当通过建立健全动态巡查制度、联合执法制度、举报奖励制度等，对非法采矿行为进行依法查处。

实践表明，在遏制非法采矿行为方面，基层乡镇政府具有熟悉本地自然地理情况、了解掌握本地流动人员和物流交通变化等优势，能够及早发现非法采矿的生产经营行为及相关线索。为此，本条规定，乡镇人民政府在所辖区域内发现未依法取得采矿许可证、安全生产许可证等擅自进行煤矿生产的，应当采取有效措施制止，并向县级人民政府相关主管部门报告。如果在所辖区域内发现煤矿有上述行为，而未采取有效制止措施的，应当对相关责任者予以问责。

**第四十一条**　省、自治区、直辖市人民政府负有煤矿安全生产监督管理职责的部门审查煤矿建设项目安全设施设计，应当自受理之日起30日内审查完毕，签署同意或者不同意的意见，并书面答复。

省、自治区、直辖市人民政府负有煤矿安全生产监督管理职责的部门应当加强对建设单位安全设施验收活动和验收结果的监督核查。

## ◆条文主旨

本条是关于煤矿建设项目安全设施设计审查程序和竣工验收监督核查的规定。

## ◆条文释义

### 一、煤矿建设项目安全设施设计的审查

根据《中华人民共和国安全生产法》的有关规定，矿山、金属冶炼建设项目和用于生产、储存、装卸危险物品的建设项目的安全设施设计应当按照国家有关规定报经有关部门审查，审查部门及其负责审查的人员对审查结果负责。对符合有关法律、法规、规范、国家标准或者行业标准的设计，应予以批准。依照本条第一款及相关规定，煤矿建设项目安全设施设计的审查应当按照以下程序实施：

**1. 煤矿企业提出安全设施设计审查申请。**煤矿建设项目的安

全设施设计审查前，煤矿企业应当向煤矿安全监管部门提出书面申请，并提交相关文件资料。

**2. 省级煤矿安全监管部门审查。**主要是审查安全评价报告对建设项目提出的安全措施和要求是否贯彻落实到建设项目安全设施的设计中，安全设施的设计是否符合有关法律、法规、规章、国家标准或者行业标准的规定等。根据《中华人民共和国行政许可法》的规定，行政机关必须在法定期限内作出行政许可决定。对于煤矿企业来说，政府煤矿安全监管部门对其开展煤矿建设项目安全设施设计的申请作出同意或者不同意的决定，直接关系煤矿企业的切身利益。规定期限制度，对于促进省级煤矿安全监管部门提高管理水平和效率，保障煤矿企业的合法权益具有重要作用。因此，本条第一款明确规定，省、自治区、直辖市人民政府负有煤矿安全生产监督管理职责的部门审查煤矿建设项目安全设施设计，应当自受理之日起30日内审查完毕。

**3. 省级煤矿安全监管部门作出决定。**煤矿建设项目安全设施设计审查是要式行政行为，行政审批决定应当以书面形式作出。省级人民政府负有煤矿安全监管职责的部门依法作出不予通过的书面决定的，应当说明理由，并告知申请人享有依法申请行政复议或者提起行政诉讼的权利。经审查同意的，煤矿企业方可施工；未经审查同意的，煤矿企业不得施工。

## 二、煤矿建设项目安全设施验收的监督核查

建设项目安全设施的验收，是指安全设施已经按照设计要求完成全部施工任务，准备交付建设单位投入生产和使用时，由建设单位对该安全设施是否符合设计要求和工程质量标准进行的检查、考核工作，这是安全设施建设全过程的最后一道重要环节。煤矿企业是建设项目的管理主体，应当保证建设项目安全进行，对建设项目

安全设施投入生产和使用后的安全质量和效果负责。

为了监督煤矿企业依法依规做好建设项目安全设施竣工验收工作，本条第二款规定省级人民政府煤矿安全监管部门应当加强对建设单位验收活动和验收结果的监督核查，包括对有关重要项目或者重要部位进行现场检查，或者对验收结果进行核实等。如果在对煤矿建设单位验收活动和验收结果的监督核查中，发现该煤矿存在事故隐患或者其他违法、违规生产建设行为，应当按有关规定责令其整改并依法严格查处。

**第四十二条**　省、自治区、直辖市人民政府负有煤矿安全生产监督管理职责的部门负责煤矿企业安全生产许可证的颁发和管理，并接受国家矿山安全监察机构及其设在地方的矿山安全监察机构的监督。

## ◆ 条文主旨

本条是关于煤矿企业安全生产许可证颁发和管理的规定。

## ◆ 条文释义

按照《中华人民共和国安全生产法》《安全生产许可证条例》的相关规定，煤矿企业未取得安全生产许可证的，不得从事生产活动。《煤矿企业安全生产许可证实施办法》对取得安全生产许可证应当具备的安全生产条件、安全生产许可证的申请和颁发、监督管理、罚则等进行了进一步的细化。在矿山安全机构改革之前，煤矿企业安全生产许可证的颁发和管理由煤矿安全监察机构负责。为贯彻落实《中共中央 国务院关于推进安全生产领域改革发展的意见》中关于改革重点行业领域安全监管监察体制的决策部署，优化安全监察机构布局，国家煤矿安全监察机构负责的煤矿安全生产行政许可事项已移交给地方政府承担。国家矿山安全监察局于2021年发布《关于开展煤矿安全生产许可事项移交工作的通知》，将煤矿生产企业安全生产许可证颁发管理工作，移交至各省级煤矿安全监管部门。

为了确保许可移交后的审查标准和监管检查效果，国家矿山安全监察局进一步下发《关于做好煤矿企业安全生产许可证颁发管理工作的通知》，对煤矿企业安全生产许可证的实施主体、工作机制等进行了明确。各省级煤矿安全监管部门应当明确职责分工，从资料受理、资料审查、决定和颁证、公示公告、撤销、暂扣、吊销、注销等环节做好许可证颁发管理工作，不得下放审批权限。《国务院关于深化“证照分离”改革进一步激发市场主体发展活力的通知》规定，各省级煤矿安全监管部门要按照“谁审批、谁监管，谁主管、谁监管”原则，切实履行监管职责，坚决纠正“以批代管”“一批了之”等问题，防止出现监管真空。

**第四十三条** 县级以上地方人民政府负有煤矿安全生产监督管理职责的部门应当编制煤矿安全生产年度监督检查计划，并按照计划进行监督检查。

煤矿安全生产年度监督检查计划应当抄送所在地矿山安全监察机构。

## ◆条文主旨

本条是关于煤矿安全生产年度监督检查计划的规定。

◆ 条文释义

## 一、煤矿安全生产年度监督检查计划编制要求

煤矿安全生产年度监督检查计划应当以安全风险管控为主线，综合考虑煤矿安全管理、灾害程度、生产布局等因素进行编制。县级以上地方人民政府煤矿安全监管部门编制的检查计划应当相互衔接，避免监管重复或者监管缺位的情况发生。同时，检查计划要突出重点，对于重点地区、重点时段、重点煤矿的执法检查进行强化，严格查处煤矿企业各类违法违规行为。

根据原国家安全监管总局印发的《安全生产年度监督检查计划编制办法》和原国家煤矿安监局印发的《煤矿安全监管执法计划编制办法（试行）》，煤矿安全监管部门编制的年度监督检查计划，应当经本部门领导集体讨论通过后，报本级人民政府批准或者备案。年度监督检查计划经批准或者备案后，应当于每年 2 月底前报上一级安全监管部门备案。

## 二、煤矿安全生产年度监督检查计划应当抄送驻地矿山安全监察机构

按照本条规定，煤矿安全生产年度监督检查计划经批准后，应当抄送驻地矿山安全监察机构。因为在“国家监察、地方监管、企业负责”的监管监察体制设计中，矿山安全监察机构负有监督检查地方监管工作的法定职责。煤矿安全生产年度监督检查计划抄送所在地矿山安全监察机构，一是有助于矿山安全监察机构及时了解地方监管部门的执法动向，促进监管监察部门之间工作协调和信息共享；二是有助于矿山安全监察机构针对监督检查计划对地方监管工作进行监察指导，以督促其更好地执行监督检查计划，推动煤

矿企业落实安全生产主体责任。

**第四十四条** 县级以上地方人民政府负有煤矿安全生产监督管理职责的部门依法对煤矿企业进行监督检查，并将煤矿现场安全生产状况作为监督检查重点内容。监督检查可以采取以下措施：

（一）进入煤矿企业进行检查，重点检查一线生产作业场所，调阅有关资料，向有关单位和人员了解情况；

（二）对检查中发现的安全生产违法行为，当场予以纠正或者要求限期改正；

（三）对检查中发现的事故隐患，应当责令立即排除；重大事故隐患排除前或者排除过程中无法保证安全的，应当责令从危险区域内撤出作业人员，责令暂时停产或者停止使用相关设施、设备；

（四）对有根据认为不符合保障安全生产的国家标准或者行业标准的设施、设备、器材予以查封或者扣押。

监督检查不得影响煤矿企业的正常生产经营活动。

### ◆ 条文主旨

本条是关于煤矿安全监管部门履行监督检查职责时所享有的检查权、现场处理权和采取行政强制措施权的规定。

### ◆ 条文释义

#### 一、煤矿安全监管部门行使监督检查权

本条中规定的煤矿安全监管部门依法对煤矿企业进行监督检查

时可以采取的措施及行使的职权包括以下内容：

**1. 检查权。**包括：（1）有权进入煤矿企业进行现场检查，被检查的煤矿企业不得拒绝、阻挠。（2）有权向被检查的煤矿企业调阅并收集与监督检查有关的资料，被检查的企业应当如实提供，不得伪造、篡改资料信息。（3）向有关人员，包括被检查的煤矿企业负责人，有关的管理人员、技术人员和作业人员等了解相关的情况，有关人员应当配合，如实告知有关情况。

**2. 现场处理权。**包括：（1）县级以上地方人民政府煤矿安全监管部门在监督检查中发现安全生产违法行为之后，有权当场予以纠正或者要求限期改正。（2）对现场监督检查中发现的事故隐患，县级以上地方人民政府煤矿安全监管部门有权责令被检查单位采取有效措施，立即予以排除。（3）如果检查中发现重大事故隐患，在隐患排除前或者排除过程中无法保证人员安全的，县级以上地方人民政府煤矿安全监管部门有权责令煤矿企业从危险区域撤出作业人员，同时要求暂时停止生产作业或者停止存在隐患的相关设施、设备的使用。重大事故隐患被排除之后，煤矿企业才能恢复煤矿生产经营作业活动或者恢复有关设施、设备的使用。

**3. 采取行政强制措施权。**县级以上地方人民政府煤矿安全监管部门对有根据认为不符合保障安全生产的国家标准或者行业标准的设施、设备、器材，有予以查封或者扣押的权力。查封是指对不符合标准的设施、设备、器材加贴封条进行封存，不得擅自移动或者启用；扣押是指将不符合标准的设施、设备、器材移置到一定场所予以扣留，在一定期限内不允许动用。

## 二、监督检查不得影响正常生产经营活动

安全生产监督检查的目的是发现、制止和查处安全生产违法行为，及时消除事故隐患。对于被检查单位的正常生产经营活动，则

不能影响。因此，必须处理好监督检查和生产经营活动正常进行的关系。根据本条规定，监督检查不得影响被检查单位正常的生产经营活动，这是煤矿安全监管部门的一项法定义务。做到这一要求，应当注意以下几点：

**1. 检查的内容应当严格限制在涉及安全生产的事项上。**对于被检查单位和安全生产无关的其他事项，不能干涉，也不得向被检查单位提出与检查无关的其他要求。

**2. 检查要讲究方式、方法。**在保证检查质量的前提下，应当尽量采取对生产经营活动影响较小的方式进行。

**3. 做出有关处理决定时要慎重，要严格依照有关实体和程序性规定。**特别是不能在没有根据的情况下随意做出对被检查单位的生产经营活动有重大影响的决定，如查封、扣押有关设施、设备、器材或者责令暂时停产停业等。

需要说明的是，本条规定并不意味着监督检查对被检查单位的生产经营活动不能有任何影响。如果监督检查中发现生产经营单位在安全生产方面存在问题，需依法予以处理的，虽然可能影响生产经营活动，但不属于影响“正常的生产经营活动”。

**第四十五条**　县级以上地方人民政府负有煤矿安全生产监督管理职责的部门应当将重大事故隐患纳入相关信息系统，建立健全重大事故隐患治理督办制度，督促煤矿企业消除重大事故隐患。

## ◆ 条文主旨

本条是关于重大事故隐患治理督办制度的规定。

◆ 条文释义

《中华人民共和国安全生产法》第四十一条第三款对重大事故隐患治理督办制度作出了规定，明确县级以上地方各级人民政府负有安全生产监督管理职责的部门应当将重大事故隐患纳入相关信息系统，建立健全重大事故隐患治理督办制度，督促生产经营单位消除重大事故隐患。本条与《中华人民共和国安全生产法》有关内容相衔接，旨在通过信息系统帮助地方政府安全监管部门及时了解掌握煤矿企业事故隐患排查治理等情况，督促煤矿企业消除重大事故隐患，同时加强对企业的监督检查。县级以上地方人民政府负有煤矿安全生产监督管理职责的部门应当建立健全重大事故隐患治理督办制度，及时督促煤矿企业整改重大事故隐患。重大事故隐患整改完成后，相应的验收责任单位应当及时对事故隐患治理结果进行验收，验收合格后方可恢复生产建设。

**第四十六条**　县级以上地方人民政府负有煤矿安全生产监督管理职责的部门应当加强对煤矿安全生产技术服务机构的监管。

承担安全评价、认证、检测、检验等职责的煤矿安全生产技术服务机构应当依照有关法律法规和国家标准或者行业标准的规定开展安全生产技术服务活动，并对出具的报告负责，不得租借资质、挂靠、出具虚假报告。

◆ 条文主旨

本条是关于煤矿安全生产技术服务机构执业和对其加强监管的规定。

◆ 条文释义

煤矿安全生产工作具有较强的专业性，为了使煤矿企业适应安全生产的要求，煤矿企业可以委托煤矿安全生产技术服务机构开展安全评价、认证、检测、检验等技术服务。煤矿安全生产技术服务机构在开展技术服务时，应当遵守执业准则，依照有关法律法规和国家标准、行业标准的规定，为煤矿企业提供相应的安全生产技术服务活动。

**一、煤矿安全生产技术服务机构的监管**

安全评价、认证、检测、检验等是安全生产的重要环节，煤矿企业从建设、生产、经营等方方面面均需要安全生产技术服务机构的参与，如煤矿建设项目安全验收评价是煤矿建设项目申请安全设施和安全条件验收的重要依据；煤矿企业必须按照相关规定委托具有检测检验资质的机构对安全设备进行定期检测检验等。煤矿安全生产技术服务机构提供服务必须具备一定的资质条件，《中华人民共和国安全生产法》规定，对安全评价检测检验机构实施资质许可制度。

按照“谁审批、谁监管、谁负责”的原则，省级人民政府有关部门按照各自的职责负责煤矿安全生产技术服务机构资质认可和监督管理工作。设区的市级人民政府、县级人民政府有关部门按照各自的职责，对煤矿安全生产技术服务机构执业行为实施监督检查，并对发现的违法行为依法实施行政处罚。

需要注意的是，根据《中共中央办公厅 国务院办公厅关于进一步加强矿山安全生产工作的意见》“将煤矿灾害等级鉴定纳入安全检测检验范围”的规定，从事煤矿灾害等级鉴定的机构属于安全检测检验机构，应当按照《中华人民共和国安全生产法》的相关规定具备国家规定的资质条件方可开展鉴定业务。

**二、煤矿安全生产技术服务机构的执业要求**

煤矿安全生产技术服务机构及其从业人员应当严格依照有关法律法规和国家标准、行业标准，以及资质、资格管理规定的内容、业务范围开展业务，不得超范围从事服务活动，更不得租借、挂靠资质或者出具虚假报告。

承担煤矿安全评价、认证、检测、检验等业务的机构，出现未依法与委托方签订技术服务合同，违反法规标准规定更改或者简化程序，未按规定公开报告相关信息，租借、挂靠资质或者出具虚假报告等违法情形时，应当按照《中华人民共和国安全生产法》和本条例的相关规定承担相应的法律责任，构成犯罪的，依照刑法有关规定追究其刑事责任。

**第四十七条**　县级以上人民政府及其有关部门对存在安全生产失信行为的煤矿企业、煤矿安全生产技术服务机构及有关从业人员，依法依规实施失信惩戒。

**◆条文主旨**

本条是关于对失信煤矿企业、安全生产技术服务机构及人员实施失信惩戒的规定。

**◆条文释义**

煤矿企业谎报、瞒报事故，中介机构出具虚假失实报告，是影响煤矿安全生产的“顽疾”。这些严重失信行为，严重危害人民群众生命财产安全，严重破坏煤矿生产经营秩序。对诚信缺失的行为予以控制和惩戒，既是近年来煤矿安全生产工作的实践经验总结，也是提高煤矿安全监管监察效能的重要手段。

## 一、安全生产失信行为联合惩戒的背景

2016 年 5 月，国家发展改革委等 18 个部门联合印发《关于对安全生产领域失信生产经营单位及其有关人员开展联合惩戒的合作备忘录》。2016 年 12 月，《中共中央 国务院关于推进安全生产领域改革发展的意见》进一步明确要积极推进安全生产诚信体系建设，完善企业安全生产不良记录“黑名单”制度，建立失信惩戒和守信激励机制。2023 年，应急管理部印发了《安全生产严重失信主体名单管理办法》，健全完善了安全生产严重失信主体名单管理制度。

本条将上述实践中行之有效的做法进一步完善后上升到法规层面，对促进各方主体诚实守信、合法经营，预防和减少煤矿生产安全事故，保护人民群众生命财产安全具有重要意义。

## 二、失信惩戒的措施

对于存在安全生产失信行为的煤矿企业、煤矿安全生产技术服务机构及有关从业人员，要依法依规实施失信惩戒，根据《关于对安全生产领域失信生产经营单位及其有关人员开展联合惩戒的合作备忘录》等相关规定，常见的惩戒措施包括：加强安全监管监察；依法暂停审批其新的重大项目申报，核减、停止拨付或者收回政府补贴资金；依法限制参与建设工程招投标；依法限制取得政府性资金支持；依法限制生产经营单位取得或者终止其基础设施和公用事业特许经营等。

《安全生产严重失信主体名单管理办法》规定，对于被列入严重失信主体名单的对象可采取以下管理措施：（1）在国家有关信

用信息共享平台、国家企业信用信息公示系统和部门政府网站等公示相关信息。（2）加大执法检查频次、暂停项目审批、实施行业或者职业禁入。（3）不适用告知承诺制等基于诚信的管理措施。（4）取消参加应急管理部门组织的评先评优资格。（5）在政府资金项目申请、财政支持等方面予以限制。（6）法律、行政法规和党中央、国务院政策文件规定的其他管理措施。

**第四十八条**　对被责令停产整顿的煤矿企业，在停产整顿期间，有关地方人民政府应当采取有效措施进行监督检查。

煤矿企业有安全生产违法行为或者重大事故隐患依法被责令停产整顿的，应当制定整改方案并进行整改。整改结束后要求恢复生产的，县级以上地方人民政府负有煤矿安全生产监督管理职责的部门应当组织验收，并在收到恢复生产申请之日起20日内组织验收完毕。验收合格的，经本部门主要负责人签字，并经所在地矿山安全监察机构审核同意，报本级人民政府主要负责人批准后，方可恢复生产。

### ◆ 条文主旨

本条是关于被责令停产整顿的煤矿企业整改和复产验收的规定。

### ◆ 条文释义

#### 一、对被责令停产整顿的煤矿企业的监督检查

煤矿企业被责令停产整顿的，应当按照整改方案认真整改，停产整顿期间不得生产，严禁明停暗开、日停夜开、假整顿真生产等

非法生产行为。在煤矿企业停产整顿期间，有关地方人民政府应当采取派人盯守、巡回检查、定期检查、突击抽查等方式进行监督检查，督促煤矿企业真停真改，提升企业安全生产水平，严防停而不改或者以整改名义违法进行生产。

**二、复产验收的程序**

煤矿企业自接到停产整顿指令之日起，必须立即停止生产，由煤矿主要负责人组织制定整改方案，确定整改目标、整改时限、整改作业范围、从事整改的作业人员，落实整改责任人、资金、安全技术措施和应急预案。煤矿企业整改结束后要求恢复生产的，应当在自检合格后向县级以上地方人民政府负有煤矿安全生产监督管理职责的部门申请验收。县级以上地方人民政府负有煤矿安全生产监督管理职责的部门应当在收到恢复生产申请之日起 20 日内组织验收完毕。验收合格的，经本部门主要负责人签字，并经所在地矿山安全监察机构审核同意，报请本级人民政府主要负责人批准后，方可恢复生产。其中，所在地矿山安全监察机构的审核，包括书面审核和现场核查，是否进行现场核查由负责审核的矿山安全监察机构根据实际情况决定。

**第四十九条** 县级以上地方人民政府负有煤矿安全生产监督管理职责的部门对被责令停产整顿或者关闭的煤矿企业，应当在 5 个工作日内向社会公告；对被责令停产整顿的煤矿企业经验收合格恢复生产的，应当自恢复生产之日起 5 个工作日内向社会公告。

◆ **条文主旨**

本条是关于对被责令停产整顿或者关闭、恢复生产的煤矿企业进行公告的规定。

◆ **条文释义**

本条规定了县级以上地方人民政府负有煤矿安全生产监督管理职责的部门在煤矿企业被责令停产整顿或者关闭的5个工作日内向社会进行公告的义务。通过对以往煤矿事故原因、教训的分析总结，不难发现不少事故煤矿因存在事故隐患或者违法行为被责令停产整顿或者关闭后仍擅自从事生产建设，即所谓的“停不实、关不死”，是导致煤矿事故发生的主要原因之一。实践中，煤矿因存在事故隐患或者违法行为被责令停产整顿或者关闭后，有的煤矿企业对员工封锁消息，致使煤矿企业从业人员对身边存在的险情和事故隐患并不知情，仍然下井冒险作业。公告制度就是通过让公众知晓煤矿停产整顿或者关闭的情况，充分发挥舆论监督和群众监督的力量。此外，通过公开曝光被责令停产整顿或者关闭的煤矿企业，必然会降低外界对该煤矿企业的正面评价，煤矿企业也面临潜在交易机会丧失等经济利益的减损。煤矿企业为了挽回损失，及时整改的内在动力会得到加强。

本条同时规定了被责令停产整顿的煤矿经验收合格恢复生产的，县级以上地方人民政府负有煤矿安全生产监督管理职责的部门有义务自煤矿验收合格恢复生产之日起5个工作日内向社会公告。向社会进行公告的方式一般有两种，可以在有关部门政府网站或者系统，通过公示通知等方式进行公告，也可以通过当地主要报纸、电视、广播等新闻媒体渠道进行公告。

# 第四章 煤矿安全监察

**第五十条** 国家矿山安全监察机构及其设在地方的矿山安全监察机构应当依法履行煤矿安全监察职责，对县级以上地方人民政府煤矿安全生产监督管理工作加强监督检查，并及时向有关地方人民政府通报监督检查的情况，提出改善和加强煤矿安全生产工作的监察意见和建议，督促开展重大事故隐患整改和复查。

县级以上地方人民政府应当配合和接受国家矿山安全监察机构及其设在地方的矿山安全监察机构的监督检查，及时落实监察意见和建议。

## ◆ 条文主旨

本条是关于矿山安全监察机构对地方煤矿安全监管工作监督检查的规定。

## ◆条文释义

### 一、国家矿山安全监察机构依法履行煤矿安全监察职责

在“国家监察、地方监管、企业负责”的煤矿安全监管监察体制设计中，矿山安全监察机构的主要定位是“督政”，这是《国家矿山安全监察局职能配置、内设机构和人员编制规定》明确赋予矿山安全监察机构的职责。本条主要规定了矿山安全监察机构“督政”的职责。具体而言，为保证国家有关煤矿安全生产法律法规的贯彻实施，督促地方加强煤矿安全监管工作，矿山安全监察机构要对地方煤矿安全监管工作进行监督检查，推动属地安全监管责任落实，倒逼煤矿企业安全生产主体责任落实。本条第一款从三个方面规定了国家矿山安全监察机构及其设在地方的矿山安全监察机构对地方煤矿安全监管工作的监督检查的职责。

**1. 对县级以上地方人民政府煤矿安全生产监督管理工作加强监督检查。**监督检查的内容包括贯彻落实党中央、国务院的决策部署，特别是《地方党政领导干部安全生产责任制规定》的贯彻落实；煤矿安全法律法规、规章和保障煤矿安全的国家标准、行业标准贯彻落实情况；煤矿安全监管部门履职情况；煤矿生产能力核定情况；煤矿安全生产标准化管理体系建设情况；煤矿安全基础管理情况；煤矿安全准入情况；关闭不具备安全生产条件煤矿情况；煤矿安全监督检查执法情况；煤矿风险分级管控和事故隐患排查治理情况；煤矿重大事故隐患挂牌督办、整改及复查情况等。

**2. 向有关地方人民政府通报监督检查的情况，提出改善和加强煤矿安全生产工作的监察意见和建议。**《中共中央办公厅 国务院办公厅关于进一步加强矿山安全生产工作的意见》明确要求强化矿山安全国家监察，国家矿山安全监察机构负责监督检查地方矿

山安全监管工作，向地方政府提出改善和加强矿山安全监管工作的意见和建议。国家矿山安全监察局《关于进一步加强和改进对地方政府矿山安全监管工作监督检查的意见》围绕增强“督政”的实效性，强调对监督检查发现的突出问题、共性问题，及时向有关地方政府及其矿山安全监管部门提出意见和建议。加强对监察意见和建议的跟踪督促落实，对未及时反馈情况、问题久拖不改的，要严肃约谈政府主要负责同志并通报上一级党委和政府。对履行《地方党政领导干部安全生产责任制规定》不到位的，要在监察意见和建议中提出问责建议，抄送具有干部管理权限的组织部门和有关纪检监察机关。

**3. 督促开展重大事故隐患整改和复查。**本条例第四十五条规定，县级以上地方人民政府负有煤矿安全生产监督管理职责的部门应当建立健全重大事故隐患治理督办制度，督促煤矿企业消除重大事故隐患。按照相关规定，地方政府对检查发现的重大事故隐患，依法实施挂牌督办，并对整改消除结果进行现场核查，重大事故隐患排除前或者排除过程中无法保证安全的，应当责令从危险区域内撤出作业人员，并责令停产停业或者停止使用相关设施、设备。矿山安全监察机构履行国家监察职能，应将地方监管部门督促重大事故隐患的整改和组织复查情况作为“督政”重要内容，加大监督检查力度，有效防范化解煤矿安全风险，坚决防范遏制煤矿生产安全事故。

## 二、地方政府应当配合和接受国家矿山安全监察机构的监督检查

实践证明，“国家监察”与“地方监管”是相互衔接的工作整体，发挥好矿山安全监察机构“督政”的功效，离不开地方政府及相关部门的密切配合。因此，本条第二款明确规定，县级以上地

方人民政府应当配合和接受国家矿山安全监察机构及其设在地方的矿山安全监察机构的监督检查，及时落实监察意见和建议。

**第五十一条** 设在地方的矿山安全监察机构应当对所辖区域内煤矿安全生产实施监察；对事故多发地区，应当实施重点监察。国家矿山安全监察机构根据实际情况，组织对全国煤矿安全生产的全面监察或者重点监察。

## ◆ 条文主旨

本条是关于矿山安全监察机构实施重点监察及全面监察的规定。

## ◆ 条文释义

### 一、驻地矿山安全监察机构的职责

设在地方的矿山安全监察机构对所辖区域内地方政府煤矿安全生产工作依法履行煤矿安全监察职责，对县级以上地方人民政府进行监督检查，及时通报相关情况，提出改善和加强煤矿安全生产工作的监察意见和建议，督促开展重大事故隐患整改和复查。监察形式一般包括定期监察、重点监察、专项监察等，对于事故多发地区的煤矿安全生产工作，应当实施重点监察。

对监察发现的源头性、根本性和共性突出问题，应当及时采取监察措施，下达监察指令或者印发督办函，约谈有关地方政府及其部门负责人，向地方政府提出监察意见和建议。对地方政府及有关部门领导干部履行《地方党政领导干部安全生产责任制规定》职责不到位或者存在阻挠、干涉安全监察工作等行为的，各级国有企业履行安全生产责任不到位或者存在《安全生产领域违法违纪行为政纪处分暂行规定》所列相关违法违纪行为的，可在监察意见中提出问责建议，同时抄送具有干部监督管理权限的纪检监察机关、组织人事部门、国有资产监督管理部门。

**二、国家矿山安全监察机构组织实施全面监察或者重点监察**

国家矿山安全监察机构统筹全国监察执法力量，根据党中央、国务院部署要求和煤矿安全生产等实际情况，组织对全国煤矿安全生产的全面监察或者重点监察，着力防范化解区域性、系统性煤矿安全风险，全面监察或者重点监察可以采取异地执法、督导抽查等方式。

**第五十二条** 国家矿山安全监察机构及其设在地方的矿山安全监察机构对县级以上地方人民政府煤矿安全生产监督管理工作进行监督检查，可以采取以下方式：

（一）听取有关地方人民政府及其负有煤矿安全生产监督管理职责的部门工作汇报；

（二）调阅、复制与煤矿安全生产有关的文件、档案、工作记录等资料；

（三）要求有关地方人民政府及其负有煤矿安全生产监督管理职责的部门和有关人员就煤矿安全生产工作有关问题作出说明；

（四）有必要采取的其他方式。

**◆条文主旨**

本条是关于矿山安全监察机构对地方政府煤矿安全监管工作进

行监督检查采取的方式的规定。

◆ 条文释义

实践充分证明，国家实行煤矿安全监察制度对于加强煤矿安全生产工作，促进我国煤矿安全生产形势的好转，起到了十分重要的作用。但是，在实际运行中煤矿安全监察的工作方式和权限尚需进一步明确，以确保国家监察对地方监管工作监督检查的有效实施。根据本条规定，国家矿山安全监察机构及其设在地方的矿山安全监察机构对县级以上地方人民政府煤矿安全生产监督管理工作进行监督检查，可以采取以下方式：

**1. 听取有关地方人民政府及其负有煤矿安全生产监督管理职责部门的工作汇报。**通过听取有关地方人民政府及其负有煤矿安全生产监督管理职责部门的工作汇报，全面了解煤矿安全生产监督管理工作的开展情况。

**2. 调阅、复制与煤矿安全生产有关的文件、档案、工作记录等资料。**针对监督检查的内容，有权向被检查单位调阅、收集有关资料，如，为贯彻落实国家有关煤矿安全生产的法律法规、规章标准等制定的政策措施及落实情况资料等。被检查地方人民政府及其负有煤矿安全生产监督管理职责的部门应当如实提供。

**3. 就煤矿安全生产工作有关问题作出说明。**针对监督检查过程中发现的有关问题，要求有关地方人民政府及其负有煤矿安全生产监督管理职责的部门和有关人员作出说明。

**4. 有必要采取的其他方式。**可以根据工作需要，采取查企督政、“解剖式”监察、异地交叉互检、明查暗访、向地方反馈有关情况、下达监察指令或者印发督办函等方法实施监察工作。对于拒绝配合和接受国家矿山安全监察机构及其设在地方的矿山安全监察机构的监督检查，未及时落实监察意见和建议的，可采取约谈、通报、报告上级政府、移送监察纪检机关等有必要采取的其他方式。

**第五十三条** 国家矿山安全监察机构及其设在地方的矿山安全监察机构履行煤矿安全监察职责，有权进入煤矿作业场所进行检查，参加煤矿企业安全生产会议，向有关煤矿企业及人员了解情况。

国家矿山安全监察机构及其设在地方的矿山安全监察机构发现煤矿现场存在事故隐患的，有权要求立即排除或者限期排除；发现有违章指挥、强令冒险作业、违章作业以及其他安全生产违法行为的，有权立即纠正或者要求立即停止作业；发现威胁安全的紧急情况时，有权要求立即停止危险区域内的作业并撤出作业人员。

矿山安全监察人员履行煤矿安全监察职责，应当出示执法证件。

## ◆条文主旨

本条是关于矿山安全监察机构为履行安全监察职责对煤矿企业检查的权力与义务的规定。

## ◆条文释义

### 一、矿山安全监察机构对煤矿企业的检查权

国家矿山安全监察机构及其设在地方的矿山安全监察机构和人员对煤矿企业依法行使检查权。在对煤矿企业进行安全检查的过程中，矿山安全监察人员依法享有下述权力，包括：（1）有权进入

煤矿作业场所进行检查，被检查单位不得拒绝。（2）参加煤矿安全生产会议，向有关煤矿企业及人员了解情况，包括被检查煤矿的负责人、有关的管理人员、技术人员和作业人员等。有关人员应当予以配合，如实提供有关情况。

**二、矿山安全监察机构的现场处置权**

国家矿山安全监察机构及其设在地方的矿山安全监察机构对事故隐患和违法行为依法进行现场处置。矿山安全监察机构发现煤矿现场存在事故隐患的，有权当场予以纠正或者要求限期排除，对违法行为有权立即纠正或者要求停止作业。同时赋予国家矿山安全监察机构及其设在地方的矿山安全监察机构在发现威胁煤矿从业人员生命安全的紧急情况时，要求煤矿立即停止危险区域内的作业，撤出作业人员的权力。

国家矿山安全监察机构及其设在地方的矿山安全监察机构监察人员在对煤矿企业检查时，应当依法出示执法证件，目的是向相对人表明执法者的身份和执法的合法性，防止他人假冒执法人员侵犯相对人的合法权益。矿山安全监察人员不出示执法证件的，被检查的有关单位和人员有权拒绝接受检查。

**第五十四条** 国家矿山安全监察机构及其设在地方的矿山安全监察机构发现煤矿企业存在重大事故隐患责令停产整顿的，应当及时移送县级以上地方人民政府负有煤矿安全生产监督管理职责的部门处理并进行督办。

**◆ 条文主旨**

本条是关于矿山安全监察机构对重大事故隐患进行处置及移送

的规定。

◆ 条文释义

为做好矿山安全监察机构与地方政府煤矿安全监管部门的职责衔接，国家矿山安全监察机构及其设在地方的矿山安全监察机构发现煤矿企业存在重大事故隐患仍然进行生产的，应当按照本条例第六十四条进行处罚，并移送县级以上地方人民政府负有煤矿安全生产监督管理职责的部门进行整改方案审批、整改验收等工作。

县级以上地方人民政府负有煤矿安全生产监督管理职责的部门应当及时接收矿山安全监察机构移送的重大事故隐患。

**第五十五条** 国家矿山安全监察机构及其设在地方的矿山安全监察机构发现煤矿企业存在应当由其他部门处理的违法行为的，应当及时移送有关部门处理。

◆ 条文主旨

本条是关于煤矿存在应当由其他部门处理的违法行为移送的规定。

◆ 条文释义

煤矿安全生产环节众多，监督管理涉及多个职能部门，这就需要各监督检查部门之间的协调配合，做到各司其职、各负其责。按照“法定职责必须为、法无授权不可为”的原则，矿山安全监察机构在进行监督检查时，可能会发现不属于本部门职权范围内的违法行为。对此，矿山安全监察机构应当及时移送其他有关部门。

## 一、行政案件的移送

对于无采矿许可证采矿的，应当移送自然资源部门；非法违法用工的，应当移送人力资源和社会保障部门；有民用爆炸物品使用违法行为的，应当移送公安机关。案件移送应当首先采取直接送达的方式，无法直接送达的，可以邮寄送达。如果在移送过程中有关部门就职权问题发生争议，应当及时提请当地人民政府协调。接受移送的部门应当依照法定职权，依法及时进行处理。

## 二、涉嫌犯罪案件的移送

按照应急管理部、公安部、最高人民法院、最高人民检察院联合印发的《安全生产行政执法与刑事司法衔接工作办法》，矿山安全监察机构在行政执法过程中发现涉嫌犯罪的案件或者线索，应当移送至有管辖权的公安机关。涉嫌安全生产犯罪的案件主要包括下列案件：（1）重大责任事故案件。（2）强令、组织他人违章冒险作业案件、危险作业案件。（3）重大劳动安全事故案件。（4）不报、谎报安全事故案件。（5）非法采矿、破坏性采矿案件，非法制造、买卖、运输、邮寄、储存爆炸物案件。（6）提供虚假证明文件案件、出具证明文件重大失实案件。（7）以危险方法危害公共安全案件等涉嫌危害生产安全的其他犯罪案件。

**第五十六条** 国家矿山安全监察机构及其设在地方的矿山安全监察机构和县级以上人民政府有关部门应当建立信息共享、案件移送机制，加强协作配合。

◆ 条文主旨

本条是关于矿山安全监察机构和县级以上人民政府有关部门加强协作配合的规定。

◆ 条文释义

一、建立信息共享、案件移送机制

《中华人民共和国安全生产法》明确规定，负有安全生产监督管理职责的部门应当相互配合、齐抓共管、信息共享、资源共用，依法加强安全生产监督管理工作。《国家矿山安全监察局职能配置、内设机构和人员编制规定》明确了国家矿山安全监察机构与自然资源管理部门、公安机关、能源部门的职责分工以及关于移送的相关规定。《国务院安全生产委员会成员单位安全生产工作任务分工》对国务院安全生产委员会成员单位的安全生产工作任务分工进行了明确。《国务院办公厅关于深入推进跨部门综合监管的指导意见》也明确规定了对涉及多个部门、管理难度大、风险隐患突出的监管事项，建立健全跨部门综合监管制度，强化条块结合、区域联动，完善协同监管机制。制定本条的目的就是为了加强矿山安全监察机构和县级以上人民政府有关部门的信息共享和协作配合。

二、禁止“一事二罚”

值得注意的是，依据现行煤矿安全监管监察体制，国家矿山安全监察机构及其设在地方的矿山安全监察机构和地方政府煤矿安全监管部门对煤矿企业安全违法行为均具有行政处罚权。为防止违反“一事不再罚”的行政处罚法原则，国家矿山安全监察机构及其设在地方的矿山安全监察机构和地方政府煤矿安全监管部门应当加强信息共享，互相通报各自监督检查计划和对煤矿违法行为的处罚。

**第五十七条** 国家矿山安全监察机构及其设在地方的矿山安全监察机构应当加强煤矿安全生产信息化建设，运用信息化手段提升执法水平。

煤矿企业应当按照国家矿山安全监察机构制定的安全生产电子数据规范联网并实时上传电子数据，对上传电子数据的真实性、准确性和完整性负责。

◆ **条文主旨**

本条是关于煤矿安全生产信息化建设的规定。

◆ **条文释义**

**一、加强煤矿安全生产信息化建设**

加强煤矿安全生产信息化建设，对于提升煤矿安全行政执法效能，助力煤矿重大灾害防治，促进煤矿安全科技装备创新，引领煤矿高质量发展具有重要作用。《中共中央办公厅 国务院办公厅关于进一步加强矿山安全生产工作的意见》立足于推进矿山转型升级、防范化解重大安全风险，对加强执法保障建设作出具体部署，要求加强在线监控联网和矿山安全综合信息化平台建设，强化执法装备保障。

围绕贯彻落实党中央、国务院决策部署要求，本条第一款强调矿山安全监察机构应当加强信息化建设，运用信息化手段提升执法效能。按照《“十四五”矿山安全生产规划》的要求，要以风险分级管控与隐患排查治理双重预防机制建设为主线，深入推进监管监察、监测预警、政务管理、指挥救援、决策支持等业务域建设，形成“一张网、一张图、一张表、一盘棋”的煤矿安全监管监察信息化体系，为监管监察和应急救援等工作提供数据支撑、技术支持和智能辅助决策，有力提升矿山安全监管监察工作效率和执法效能。

**二、煤矿企业应当按照数据规范联网并实时上传电子数据**

煤矿安全生产信息化建设，离不开煤矿企业的积极配合和参与。因此，本条第二款规定煤矿企业应当按照国家矿山安全监察机构制定的安全生产电子数据规范联网并实时上传电子数据。煤矿企业对上传电子数据的真实性、准确性和完整性负责。提出这一要求，主要目的是明确煤矿企业在煤矿安全信息化建设工作中的责任，增强安全生产电子数据资料上报、审核等人员的工作责任意识，防止伪造、篡改数据资料的行为发生，并在发生违法行为时，及时确定和追究有关人员的法律责任。

**第五十八条**　国家矿山安全监察机构及其设在地方的矿山安全监察机构依法对煤矿企业贯彻执行安全生产法律法规、煤矿安全规程以及保障安全生产的国家标准或者行业标准的情况进行监督检查，行使本条例第四十四条规定的职权。

◆ **条文主旨**

本条是关于矿山安全监察机构对煤矿企业监督检查的内容及权限的规定。

◆ 条文释义

**一、矿山安全监察机构的煤矿安全监管职责**

按照《国家矿山安全监察局职能配置、内设机构和人员编制规定》以及各省级局“三定”，矿山安全监察机构依法对煤矿企业贯彻执行安全生产法律法规情况进行监督检查，对煤矿企业安全生产条件、设备设施安全情况进行监管执法，对发现的违法违规问题实施行政处罚。这就是我们通常说的“查企”，“查企”一方面是为了压实煤矿企业主体责任，另一方面是为了验证地方政府煤矿安全监管工作的开展情况及其成效。鉴于此，本条明确规定，国家矿山安全监察机构及其设在地方的矿山安全监察机构依法对煤矿企业贯彻执行安全生产法律法规、煤矿安全规程以及保障安全生产的国家标准或者行业标准的情况进行监督检查。

**二、矿山安全监察机构依法行使的监管职权**

为了确保矿山安全监察机构有效履行监督检查职责，依法开展行政执法工作，本条明确规定，矿山安全监察机构对煤矿企业开展监督检查时，行使本条例第四十四条规定的职权，包括检查权、现场处理权、查封扣押权等。

**第五十九条** 发生煤矿生产安全事故后，煤矿企业及其负责人应当迅速采取有效措施组织抢救，并依照《生产安全事故报告和调查处理条例》的规定立即如实向当地应急管理部门、负有煤矿安全生产监督管理职责的部门和所在地矿山安全监察机构报告。

国家矿山安全监察机构及其设在地方的矿山安全监察机构应当根据事故等级和工作需要，派出工作组赶赴事故现场，指导配合事故发生地地方人民政府开展应急救援工作。

## ◆ 条文主旨

本条是关于煤矿生产安全事故报告和应急救援的规定。

## ◆ 条文释义

### 一、煤矿企业及相关人员救援和报告的义务

**1. 救援义务。**发生煤矿生产安全事故后，煤矿企业及其负责人应当迅速采取有效措施组织抢救。根据《生产安全事故应急条例》第十七条的规定，发生生产安全事故后，生产经营单位应当立即启动生产安全事故应急救援预案，采取相应的应急救援措施，并按照规定报告事故情况。具体措施为：（1）迅速控制危险源，组织抢救遇险人员。（2）根据事故危害程度，组织现场人员撤离或者采取可能的应急措施后撤离。（3）及时通知可能受到事故影响的单位和人员。（4）采取必要措施，防止事故危害扩大和次生、衍生灾害发生。（5）根据需要请求邻近的应急救援队伍参加救援，并向参加救援的应急救援队伍提供相关技术资料、信息和处置方法。（6）维护事故现场秩序，保护事故现场和相关证据。（7）法律、法规规定的其他应急救援措施。

**2. 报告义务。**根据本条例和《生产安全事故报告和调查处理条例》及相关政策规定，事故发生后，事故现场有关人员应当立即向本单位负责人报告；单位负责人接到报告后，应当于 1 小时内向事故发生地县级以上人民政府应急管理部门、负有煤矿安全生产

监督管理职责的部门和所在地矿山安全监察机构报告。报告事故应当包括下列内容：（1）事故发生单位概况。（2）事故发生的时间、地点以及事故现场情况。（3）事故的简要经过。（4）事故已经造成或者可能造成的伤亡人数（包括下落不明的人数）和初步估计的直接经济损失。（5）已经采取的措施。（6）其他应当报告的情况。

## 二、矿山安全监察机构依法指导事故应急救援

按照《中华人民共和国突发事件应对法》的规定，包括矿山事故在内的突发事件管理实行属地为主。煤矿安全生产事关人民群众的生命财产安全，煤矿事故发生具有突然性和紧迫性，煤矿生产经营活动本身具有一定专业性。事故发生后，矿山安全监察机构派出工作组，不仅能对应急救援中的专业性问题在现场第一时间给出处理建议，而且有利于与下一步事故调查工作进行衔接。工作组的主要任务包括以下两个方面：一是配合应急救援工作。根据前期处置情况对救援方案提出建议，协调调动外部应急资源。二是开展事故调查前期工作。了解掌握事故基本情况和初步原因；督促地方人民政府和相关部门及企业核查核实并如实上报事故遇险、遇难、受伤人员情况，并及时向派出单位或者上级单位报告有关工作情况，为后期事故调查做好准备。

**第六十条** 煤矿生产安全事故按照事故等级实行分级调查处理。

特别重大事故由国务院或者国务院授权有关部门依照《生产安全事故报告和调查处理条例》的规定组织调查处理。重大事故、较大事故、一般事故由国家矿山安全监察机构及其设在地方的矿山安全监察机构依照《生产安全事故报告和调查处理条例》

的规定组织调查处理。

## ◆ 条文主旨

本条是关于煤矿生产安全事故分级调查处理的规定。

## ◆ 条文释义

### 一、分级调查处理

分级调查处理，是指根据事故的等级，按照不同的权限和程序进行调查处理。煤矿生产安全事故调查处理一直有别于其他行业领域，自 2000 年《煤矿安全监察条例》颁布以来，煤矿生产安全事故调查一直由煤矿安全监察机构负责。本条例继承和完善了《煤矿安全监察条例》的相关要求，规定特别重大事故由国务院或者国务院授权有关部门依照《生产安全事故报告和调查处理条例》的规定组织调查处理。重大事故、较大事故、一般事故由国家矿山安全监察机构及其设在地方的矿山安全监察机构依照《生产安全事故报告和调查处理条例》的规定组织调查处理。

### 二、提级调查

根据国家矿山安全监察局 2023 年印发的《矿山生产安全事故报告和调查处理办法》，重大及以下等级煤矿事故由国家矿山安全监察局省级局牵头组织调查，国家矿山安全监察局认为必要时，可以调查由国家矿山安全监察局省级局负责调查的煤矿事故。因伤亡人数变化导致事故等级发生变化，依照本办法应当由上级矿山安全监察机构调查的，上级矿山安全监察机构可以重新组织事故调查组进行调查。

# 第五章 法 律 责 任

**第六十一条** 未依法取得安全生产许可证等擅自进行煤矿生产的，应当责令立即停止生产，没收违法所得和开采出的煤炭以及采掘设备；违法所得在 10 万元以上的，并处违法所得 2 倍以上 5 倍以下的罚款；没有违法所得或者违法所得不足 10 万元的，并处 10 万元以上 20 万元以下的罚款。

关闭的煤矿企业擅自恢复生产的，依照前款规定予以处罚。

## ◆ 条文主旨

本条是关于煤矿企业无证生产和关闭的煤矿企业擅自恢复生产的法律责任的规定。

## ◆ 条文释义

### 一、煤矿企业无证生产的法律责任

我国对煤矿生产实行严格审批制度。煤矿投入生产前，煤矿企业应当依照《中华人民共和国矿产资源法》《中华人民共和国煤炭法》《中华人民共和国安全生产法》《安全生产许可证条例》等有关法律、行政法规的规定取得采矿许可证、安全生产许可证等证件。煤矿未依法取得采矿许可证、安全生产许可证等擅自进行生产的，按照本条规定对其进行相应的行政处罚。

**1. 违法所得的计算。**《中华人民共和国行政处罚法》规定，违法所得是指实施违法行为所取得的款项。法律、行政法规、部门规章对违法所得的计算另有规定的，从其规定。关于“违法所得”的计算，《安全生产违法行为行政处罚办法》规定，生产、加工产品的，以生产、加工产品的销售收入作为违法所得；销售商品的，以销售收入作为违法所得；销售收入无法计算的，按当地同类同等规模的生产经营单位的平均销售收入计算。

**2. 查处无证生产的职责分工。**根据《中华人民共和国矿产资源法》《安全生产许可证条例》等相关规定，未取得采矿许可证擅自采矿、超越批准的矿区范围采矿的，由自然资源部门依法予以处罚；未取得安全生产许可证擅自进行煤矿生产的，由安全生产许可证颁发管理机关依法予以处罚。

### 二、关闭的煤矿企业擅自恢复生产的法律责任

关闭的煤矿企业擅自恢复生产的，视为无证生产，按照本条规定应当参照第一款规定的法律责任予以处罚，包括责令立即停止生产、没收开采出的煤炭以及采掘设备、没收违法所得并对煤矿企业处以罚款等。

**第六十二条** 煤矿企业有下列行为之一的，依照《中华人民共和国安全生产法》有关规定予以处罚：

（一）未按照规定设置安全生产管理机构并配备安全生产管

理人员的；

（二）主要负责人和安全生产管理人员未按照规定经考核合格并持续保持相应水平和能力的；

（三）未按照规定进行安全生产教育和培训，未按照规定如实告知有关的安全生产事项，或者未如实记录安全生产教育和培训情况的；

（四）特种作业人员未按照规定经专门的安全作业培训并取得相应资格，上岗作业的；

（五）进行危险作业，未采取专门安全技术措施并安排专门人员进行现场安全管理的；

（六）未按照规定建立并落实安全风险分级管控制度和隐患排查治理制度的，或者重大事故隐患排查治理情况未按照规定报告的；

（七）未按照规定制定生产安全事故应急救援预案或者未定期组织演练的。

◆ **条文主旨**

本条是关于煤矿企业违反安全保障义务直接适用《中华人民共和国安全生产法》进行处罚的规定。

◆ **条文释义**

**一、进一步强化安全生产法的相关安全保障义务**

本条规定的是应当直接适用《中华人民共和国安全生产法》进行处罚的安全生产违法行为。需要注意的是，与《中华人民共和国安全生产法》相比，不仅要求煤矿企业设置安全生产管理机构，还要求配备专职安全生产管理人员；除要求主要负责人和安全生产管理人员应当通过安全生产知识和管理能力考核合格以外，还要求其持续保持相应水平和能力；危险作业时应当采取专门安全技术措施，并安排专门人员进行现场安全管理。

## 二、法律责任

本条所列的七项煤矿企业安全生产违法行为，直接适用《中华人民共和国安全生产法》进行处罚。其中，针对煤矿企业未按照规定设置安全生产管理机构并配备安全生产管理人员的行为，依照《中华人民共和国安全生产法》第九十七条的规定，责令限期改正，处十万元以下的罚款；逾期未改正的，责令停产停业整顿，并处十万元以上二十万元以下的罚款，对其直接负责的主管人员和其他直接责任人员处二万元以上五万元以下的罚款。针对主要负责人和安全生产管理人员未按照规定经考核合格并持续保持相应水平和能力的，依照《中华人民共和国安全生产法》第九十七条规定，责令限期改正，处十万元以下的罚款；逾期未改正的，责令停产停业整顿，并处十万元以上二十万元以下的罚款，对其直接负责的主管人员和其他直接责任人员处二万元以上五万元以下的罚款。

**第六十三条** 煤矿企业有下列行为之一的，责令限期改正，处10万元以上20万元以下的罚款；逾期未改正的，责令停产整顿，并处20万元以上50万元以下的罚款，对其直接负责的主管人员和其他直接责任人员处3万元以上5万元以下的罚款：

（一）未按照规定制定并落实全员安全生产责任制和领导带班等安全生产规章制度的；

（二）未按照规定为煤矿配备矿长等人员和机构，或者未按照规定设立救护队的；

（三）煤矿的主要生产系统、安全设施不符合煤矿安全规程和国家标准或者行业标准规定的；

（四）未按照规定编制专项设计的；

（五）井工煤矿未按照规定进行瓦斯等级、冲击地压、煤层自燃倾向性和煤层爆炸性鉴定的；

（六）露天煤矿的采场及排土场边坡与重要建筑物、构筑物之间的安全距离不符合规定的，或者未按照规定保持露天煤矿边坡稳定的；

（七）违章指挥或者强令冒险作业、违反规程的。

◆ 条文主旨

本条是关于煤矿企业违反安全保障义务的法律责任的规定。

◆ 条文释义

**一、未按照规定制定并落实规章制度的含义**

本条规定的安全生产规章制度，除领导带班制度外，还包括国家规定和企业制定的各类安全规章制度。如，井下作业安全限员制度、工作时间管理制度，以及禁止使用劳务派遣用工、应当使用煤矿许用炸药和电雷管、编制并及时修改年度灾害预防处理计划、煤矿企业对所属煤矿定期检查等制度。

**二、既违反本条款又构成重大事故隐患的处罚**

煤矿企业存在未按照规定为煤矿配备矿长等人员机构、主要生产系统设施不符合规程标准要求等本条规定的违法行为，同时这些违法行为又构成“存在重大事故隐患仍然进行生产的”，依照本条例第六十四条进行处罚。

**三、违章指挥或者强令冒险作业、违反规程的含义**

强令冒险作业、违反规程，是指强令冒险作业或者强令违反煤矿安全规程和作业规程、操作规程进行作业。

明知存在事故隐患、明知继续作业存在危险或者明知违反规程的规定，利用组织、指挥、管理职权强制他人违章作业，或者采取威逼、胁迫、恐吓等手段强制他人违章作业，或者故意掩盖事故隐患组织他人违章作业的，均应认定为“强令”。

**第六十四条** 对存在重大事故隐患仍然进行生产的煤矿企业，责令停产整顿，明确整顿的内容、时间等具体要求，并处50万元以上200万元以下的罚款；对煤矿企业主要负责人处3万元以上15万元以下的罚款。

**◆条文主旨**

本条是关于煤矿企业存在重大事故隐患仍然进行生产的法律责任的规定。

**◆条文释义**

针对存在重大事故隐患仍然生产的行为，早在2005年《国务院关于预防煤矿生产安全事故的特别规定》第十条就作出明确规定。实践充分证明，这一规定牵住了煤矿安全的“牛鼻子”，形成了强大的法律震慑效果。为依法巩固煤矿安全治理的成效，本条例继续将这一行之有效的规定制度化、法制化。执行本条时应当注意以下两点：

## 一、“生产”的含义

这里的“生产”是指违法行为发生时，在工作时间和工作场所为实现某种生产建设或者经营目的而进行的活动，包括与工作有关的预备性或者收尾性活动。通风排水、检修维护等行为是否属于“生产”应当根据实际情况确定。如，在煤矿企业停产整顿期间进行的正常通风排水，不应认定为“生产”，但如果擅自打开密闭进入隐蔽工作面，以煤炭采掘为目的而在隐蔽工作面内进行通风排水等准备活动的，应当认定为“生产”。

## 二、适用本条款进行处罚需要满足的条件

适用本条款实施行政处罚需要同时满足两方面条件：一方面，煤矿企业存在重大事故隐患，这里的重大事故隐患，应当依据本条例第三十六条予以判定；另一方面，煤矿企业仍然“带病”生产。对上述违法行为，由县级以上地方人民政府煤矿安全监管部门或者矿山安全监察机构实施相应的处罚。

**第六十五条** 煤矿企业超越依法确定的开采范围采矿的，依照有关法律法规的规定予以处理。

擅自开采保安煤柱或者采用可能危及相邻煤矿生产安全的决水、爆破、贯通巷道等危险方法进行采矿作业的，责令立即停止作业，没收违法所得；违法所得在10万元以上的，并处违法所得2倍以上5倍以下的罚款；没有违法所得或者违法所得不足10万元的，并处10万元以上20万元以下的罚款；造成损失的，依法承担赔偿责任。

## ◆ 条文主旨

本条是关于煤矿企业超层越界开采、擅自开采保安煤柱、采用危险方法开采的法律责任的规定。

## ◆ 条文释义

### 一、煤矿企业超层越界采矿的法律责任

本条第一款对于煤矿企业超越开采范围采矿的违法行为进行了规定。煤矿超层越界开采具有较强的隐蔽性和复杂性，因此也是导致煤矿安全事故的重要原因之一。煤矿企业在进行生产经营活动时，应当严格落实安全生产主体责任，依法在批准的开采范围内进行，不得超越批准的开采范围超层越界开采。

根据《中华人民共和国矿产资源法》《国家矿山安全监察局职能配置、内设机构和人员编制规定》等相关规定，自然资源部门负责查处矿山企业越界开采等违法行为。

### 二、煤矿企业擅自开采保安煤柱或者采用危险方法采矿的法律责任

本条第二款包括煤矿企业的两类违法行为：（1）擅自开采保安煤柱。（2）采用可能危及相邻煤矿生产安全的决水、爆破、贯通巷道等危险方法采矿。使用决水、爆破、贯通巷道的开采方法进行煤矿开采可能危及相邻煤矿的生产安全。对于存在上述违法行为的煤矿企业，首先责令立即停止作业，没收违法所得。其次，根据违法所得数额的不同，给予不同的处罚：违法所得在 10 万元以上的，处违法所得 2 倍以上 5 倍以下罚款；没有违法所得或者违法所得不足 10 万元的，处 10 万元以上 20 万元以下的罚款。

**第六十六条** 煤矿企业有下列行为之一的，责令改正；拒不改正的，处 10 万元以上 20 万元以下的罚款；对其直接负责的主管人员和其他直接责任人员处 1 万元以上 2 万元以下的罚款：

（一）违反本条例第三十七条第一款规定，隐瞒存在的事故隐患以及其他安全问题的；

（二）违反本条例第四十四条第一款规定，擅自启封或者使用被查封、扣押的设施、设备、器材的；

（三）有其他拒绝、阻碍监督检查行为的。

## ◆条文主旨

本条是关于煤矿企业三类故意违法行为的法律责任的规定。

## ◆条文释义

监督检查是及时发现问题，避免生产安全事故发生的有效途径。根据《中华人民共和国安全生产法》和本条例的规定，煤矿企业对矿山安全监察机构和地方政府安全监管部门的监督检查人员依法履行监督检查职责，应当予以配合，不得拒绝、阻挠。实践中，有些煤矿企业为了逃避安全监管，以各种方式拒绝、阻碍执法人员的监督检查。如，对依法执行职务的监管监察人员吵闹、谩骂或者避而不见；拒绝执行矿山安全监察机构的监察指令；采取暴力或者威胁方法拒绝、阻碍监督检查等。这些行为不仅破坏了正常的安全管理秩序，严重的还将涉嫌构成犯罪，应当依法承担相应的法律责任。

**第六十七条** 发生煤矿生产安全事故，对负有责任的煤矿企业除要求其依法承担相应的赔偿等责任外，依照下列规定处以罚款：

（一）发生一般事故的，处 50 万元以上 100 万元以下的罚款；

（二）发生较大事故的，处 150 万元以上 200 万元以下的罚款；

（三）发生重大事故的，处 500 万元以上 1000 万元以下的罚款；

（四）发生特别重大事故的，处 1000 万元以上 2000 万元以下的罚款。

发生煤矿生产安全事故，情节特别严重、影响特别恶劣的，可以按照前款罚款数额的 2 倍以上 5 倍以下对负有责任的煤矿企业处以罚款。

◆ 条文主旨

本条是关于对事故负有责任的煤矿企业进行罚款处罚的规定。

◆ 条文释义

一、适用本条进行处罚应当满足的条件

适用本条规定的处罚应当具备以下两个条件：一是发生煤矿生产安全事故。这里的事故既包括特别重大事故、重大事故、较大事故，也包括一般事故。二是煤矿企业对事故发生负有责任，因第三方原因、不可抗力等因素引起的事故，煤矿企业没有责任，不应当依据本条给予处罚。此外，对煤矿企业处以罚款与其承担的民事赔偿责任不冲突，这与《中华人民共和国安全生产法》规定一致。

## 二、提高事故罚款数额下限

本条在保持与《中华人民共和国安全生产法》等法律衔接的基础上，提高了对煤矿企业生产安全事故罚款下限。根据《中华人民共和国安全生产法》，对发生一般事故、较大事故、重大事故的企业，罚款下限分别为30万元、100万元、200万元。本条分别提高至50万元、150万元和500万元。目的是为了切实解决煤矿企业事故违法成本过低、“屡罚屡犯”甚至“宁肯交罚款也要违法生产”等突出问题。

## 三、煤矿生产安全事故处罚的实施机关

根据《生产安全事故罚款处罚规定》第七条的规定，对发生特别重大事故的煤矿及其有关责任人员罚款的行政处罚，由国家矿山安全监察局决定；对发生重大事故、较大事故和一般事故的煤矿及其有关责任人员罚款的行政处罚，由国家矿山安全监察局省级局决定。上级矿山安全监察机构可以指定下一级矿山安全监察机构对事故发生单位及其有关责任人员实施行政处罚。即，本条例第六十七条、第六十八条、第六十九条关于煤矿企业及其有关责任人员的事故罚款由矿山安全监察机构负责实施。

**第六十八条** 煤矿企业的决策机构、主要负责人、其他负责人和安全生产管理人员未依法履行安全生产管理职责的，依照《中华人民共和国安全生产法》有关规定处罚并承担相应责任。

煤矿企业主要负责人未依法履行安全生产管理职责，导致发生煤矿生产安全事故的，依照下列规定处以罚款：

（一）发生一般事故的，处上一年年收入40%的罚款；

（二）发生较大事故的，处上一年年收入 60% 的罚款；
（三）发生重大事故的，处上一年年收入 80% 的罚款；
（四）发生特别重大事故的，处上一年年收入 100% 的罚款。

### ◆ 条文主旨

本条是关于煤矿企业的决策机构、主要负责人、其他负责人和安全生产管理人员未依法履行安全生产管理职责的法律责任的规定。

### ◆ 条文释义

#### 一、未依法履行安全生产管理职责的含义

本条所指未依法履行安全生产管理职责，即包括违反《中华人民共和国安全生产法》规定的安全生产管理职责，也包括违反本条例规定的安全生产管理职责，如本条例第十八条规定的煤矿企业主要负责人的七项职责，第十九条第一款规定的煤矿企业安全生产管理机构和专职安全生产管理人员的八项职责等。

#### 二、上一年年收入的计算方法

根据《生产安全事故罚款处罚规定》第四条的规定，事故发生单位主要负责人、其他负责人、安全生产管理人员以及直接负责的主管人员、其他直接责任人员的上一年年收入，属于国有生产经营单位的，是指该单位上级主管部门所确定的上一年年收入总额；属于非国有生产经营单位的，是指经财务、税务部门核定的上一年年收入总额。

生产经营单位提供虚假资料或者由于财务、税务部门无法核定

等原因致使有关人员的上一年年收入难以确定的，按照下列办法确定：(1) 主要负责人的上一年年收入，按照本省、自治区、直辖市上一年度城镇单位就业人员平均工资的5倍以上10倍以下计算。(2) 其他负责人、安全生产管理人员以及直接负责的主管人员、其他直接责任人员的上一年年收入，按照本省、自治区、直辖市上一年度城镇单位就业人员平均工资的1倍以上5倍以下计算。

**第六十九条** 煤矿企业及其有关人员有瞒报、谎报事故等行为的，依照《中华人民共和国安全生产法》、《生产安全事故报告和调查处理条例》有关规定予以处罚。

有关地方人民政府及其应急管理部门、负有煤矿安全生产监督管理职责的部门和设在地方的矿山安全监察机构有瞒报、谎报事故等行为的，对负有责任的领导人员和直接责任人员依法给予处分。

### ◆ 条文主旨

本条是关于瞒报、谎报事故等行为的法律责任的规定。

### ◆ 条文释义

#### 一、关于迟报、漏报、谎报、瞒报

根据《生产安全事故罚款处罚规定》，报告事故的时间超过规定时限的，属于迟报；因过失对应当上报的事故或者事故发生的时间、地点、类别、伤亡人数、直接经济损失等内容遗漏未报的，属于漏报；故意不如实报告事故发生的时间、地点、初步原因、性质、伤亡人数和涉险人数、直接经济损失等有关内容的，属于谎

报；隐瞒已经发生的事故，超过规定时限未向应急管理部门、矿山安全监察机构和有关部门报告，经查证属实的，属于瞒报。

## 二、法律责任

《中华人民共和国安全生产法》第一百一十条规定，煤矿企业主要负责人构成上述违法行为的，应当给予降级、撤职的处分，并处上一年年收入60%至100%的罚款；对逃匿的处15日以下拘留；构成犯罪的，依照刑法有关规定追究刑事责任。《生产安全事故报告和调查处理条例》第三十六条规定，事故发生单位及其有关人员有下列行为之一的，对事故发生单位处100万元以上500万元以下的罚款；对主要负责人、直接负责的主管人员和其他直接责任人员处上一年年收入60%至100%的罚款；属于国家工作人员的，并依法给予处分；构成违反治安管理行为的，由公安机关依法给予治安管理处罚；构成犯罪的，依法追究刑事责任：（1）谎报或者瞒报事故的。（2）伪造或者故意破坏事故现场的。（3）转移、隐匿资金、财产，或者销毁有关证据、资料的。（4）拒绝接受调查或者拒绝提供有关情况和资料的。（5）在事故调查中作伪证或者指使他人作伪证的。（6）事故发生后逃匿的。

**第七十条** 煤矿企业存在下列情形之一的，应当提请县级以上地方人民政府予以关闭：

（一）未依法取得安全生产许可证等擅自进行生产的；

（二）3个月内2次或者2次以上发现有重大事故隐患仍然进行生产的；

（三）经地方人民政府组织的专家论证在现有技术条件下难以有效防治重大灾害的；

（四）有《中华人民共和国安全生产法》规定的应当提请关闭的其他情形。

有关地方人民政府作出予以关闭的决定，应当立即组织实施。关闭煤矿应当达到下列要求：

（一）依照法律法规有关规定吊销、注销相关证照；

（二）停止供应并妥善处理民用爆炸物品；

（三）停止供电，拆除矿井生产设备、供电、通信线路；

（四）封闭、填实矿井井筒，平整井口场地，恢复地貌；

（五）妥善处理劳动关系，依法依规支付经济补偿、工伤保险待遇，组织离岗时职业健康检查，偿还拖欠工资，补缴欠缴的社会保险费；

（六）设立标识牌；

（七）报送、移交相关报告、图纸和资料等；

（八）有关法律法规规定的其他要求。

### ◆ 条文主旨

本条是关于提请县级以上地方人民政府予以关闭煤矿企业的情形及相关要求的规定。

### ◆ 条文释义

#### 一、应当依法提请关闭的情形

本条第一款规定了煤矿应当依法提请关闭的情形。其中，第（一）项和第（二）项关闭情形继承了《国务院关于预防煤矿生产安全事故的特别规定》的相关规定，第（三）项为新设规定，第（四）项为《中华人民共和国安全生产法》的相关规定。

经地方人民政府组织的专家论证在现有技术条件下难以有效防治重大灾害的情形，并非是因为煤矿企业存在安全生产违法行为。之所以将此种情形列入关闭范围，主要是汲取煤矿重大事故教训，严密防控煤矿重大安全风险。当前，煤矿安全基础总体依然薄弱，灾害风险随开采深度和强度增加愈加严重。部分煤矿由低瓦斯向高瓦斯、突出矿井演变，深部开采出现煤与瓦斯突出和冲击地压等重大灾害相互耦合的新煤岩动力灾害。对这类高风险煤矿，经地方人民政府组织专家进行论证，在现有技术条件下难以有效治理重大灾害，不能保障安全生产的情况下，应当予以关闭。

《中华人民共和国安全生产法》规定的应当提请关闭的情形，包括存在重大事故隐患，180 日内 3 次或者 1 年内 4 次受到行政处罚的，以及拒不执行负有安全生产监督管理职责的部门作出的停产停业整顿决定等情形。

## 二、煤矿关闭的组织实施

煤矿关闭必须严格关闭条件，依法定程序进行。关闭决定应当由有关地方人民政府作出并组织实施。

鉴于煤矿关闭的复杂性和安全的特殊性，需要进一步加强对煤矿关闭环节的监管，本条第二款明确了有关地方人民政府组织实施关闭煤矿的工作内容。包括依照法律法规有关规定吊销、注销相关证照，停止供应并妥善处理民用爆炸物品，停止供电，拆除矿井地面生产设备、供电、通信线路。为防止已关闭煤矿死灰复燃及非法偷采盗采行为，规定要“封闭、填实矿井井筒，平整井口场地，恢复地貌”等。同时，煤矿关闭后的经济补偿、社会保险等问题也较为突出，针对此问题本款规定要“妥善处理劳动关系，依法依规支付经济补偿、工伤保险待遇，组织离岗时职业健康检查，偿还拖欠工资，补缴欠缴的社会保险费”。

**第七十一条** 有下列情形之一的，依照《中华人民共和国安全生产法》有关规定予以处罚：

（一）煤矿建设项目没有安全设施设计或者安全设施设计未按照规定报经有关部门审查同意的；

（二）煤矿建设项目的施工单位未按照批准的安全设施设计施工的；

（三）煤矿建设项目竣工投入生产或者使用前，安全设施未经验收合格的；

（四）煤矿企业违反本条例第二十四条第一款、第二十五条第一款和第二款、第二十六条第二款规定的。

### ◆ 条文主旨

本条是关于与煤矿建设项目、劳动防护用品配备、安全设备管理等相关的法律责任的规定。

### ◆ 条文释义

#### 一、与煤矿建设项目安全生产等相关的法律责任

**1. 违法行为。**本条第（一）项至第（三）项规定了与煤矿建设项目安全生产相关的法律责任。煤矿建设项目技术难度大、运营风险高，相较普通的建设项目涉及更高的生产安全要求，本条例第十四条至第十六条对煤矿建设项目专门作了规定，具体包括以下要求：（1）安全设施设计应当按照国家有关规定报经有关部门审查。（2）施工单位必须按照批准的安全设施设计施工。（3）竣工投入生产或者使用前，相关建设单位组织对安全设施进行验收并合格。

**2. 法律责任。**煤矿企业违反上述规定，应当根据《中华人民

共和国安全生产法》第九十八条的规定，责令停止建设或者停产停业整顿，限期改正，并处十万元以上五十万元以下的罚款，对其直接负责的主管人员和其他直接责任人员处二万元以上五万元以下的罚款；逾期未改正的，处五十万元以上一百万元以下的罚款，对其直接负责的主管人员和其他直接责任人员处五万元以上十万元以下的罚款；构成犯罪的，依照刑法有关规定追究刑事责任。

### 二、与劳动防护用品配备、安全设备管理等相关的法律责任

**1. 违法行为**。本条第（四）项规定了与劳动防护用品配备、安全设备管理等相关的法律责任。按照本条例第二十四条第一款、第二十五条第一款和第二款、第二十六条第二款的有关规定，煤矿企业应当履行的安全保障义务包括以下内容：（1）为从业人员提供符合国家标准或者行业标准的劳动防护用品，并监督、教育从业人员按照使用规则佩戴、使用。（2）使用的安全设备的设计、制造、安装、使用、检测、维修、改造和报废，应当符合国家标准或者行业标准。（3）建立安全设备台账和追溯、管理制度，对安全设备进行经常性维护、保养并定期检测，保证正常运转，对安全设备购置、入库、使用、维护、保养、检测、维修、改造、报废等进行全流程记录并存档。（4）不得关闭、破坏直接关系生产安全的监控、报警、防护、救生设备、设施，或者篡改、隐瞒、销毁其相关数据、信息或者以任何方式影响其正常使用。

**2. 法律责任**。煤矿企业违反上述规定，应当根据《中华人民共和国安全生产法》第九十九条关于劳动防护用品、安全设备的相关法律责任，以及第一百零二条关于未消除事故隐患的法律责任等相关条款处罚。

**第七十二条** 承担安全评价、认证、检测、检验等职责的煤矿安全生产技术服务机构有出具失实报告、租借资质、挂靠、出具虚假报告等情形的，对该机构及直接负责的主管人员和其他直接责任人员，应当依照《中华人民共和国安全生产法》有关规定予以处罚并追究相应责任。其主要负责人对重大、特别重大煤矿生产安全事故负有责任的，终身不得从事煤矿安全生产相关技术服务工作。

## ◆条文主旨

本条是关于承担煤矿安全评价、认证、检测、检验等职责的机构及其直接责任人员出具失实、虚假报告的法律责任的规定。

## ◆条文释义

### 一、违法行为

本条规定的承担煤矿安全评价、认证、检测、检验等职责的机构的违法情形主要有两种：一种是自身有相关资质，但出具失实报告、虚假报告的，未能保证作出的安全评价、认证、检测、检验结果的合法性、真实性；另一种是己方或者对方不具备相关资质租借、挂靠资质的，其行为严重破坏了安全生产监督管理秩序，对安全生产工作构成严重威胁，甚至会因此直接导致重大生产安全事故。

### 二、关于虚假、失实报告的界定

**1. 虚假报告。**《最高人民法院 最高人民检察院关于办理危害生产安全刑事案件适用法律若干问题的解释（二）》第六条规定，

“虚假证明文件”包括以下具体情形：(1) 故意伪造的。(2) 在周边环境、主要建（构）筑物、工艺、装置、设备设施等重要内容上弄虚作假，导致与评价期间实际情况不符，影响评价结论的。(3) 隐瞒生产经营单位重大事故隐患及整改落实情况、主要灾害等级等情况，影响评价结论的。(4) 伪造、篡改生产经营单位相关信息、数据、技术报告或者结论等内容，影响评价结论的。(5) 故意采用存疑的第三方证明材料、监测检验报告，影响评价结论的。(6) 有其他弄虚作假行为，影响评价结论的情形。

《矿山安全评价检测检验监督管理办法（试行）》规定，矿山安全评价报告存在下列情形之一的，属于虚假报告：(1) 未经安全评价，或者安全评价项目组组长及负责勘验人员不到现场实际地点开展勘验等有关工作的。(2) 对企业提供的资料及第三方出具的技术服务报告或者结论进行伪造、篡改的。(3) 企业未建立安全生产责任制及安全管理制度，隐患排查记录严重缺失，企业主要负责人及专职安全生产管理人员专业或者职称不符合要求的，故意隐瞒且影响评价结论的。(4) 存在不符合《煤矿企业安全生产许可证实施办法》和《非煤矿矿山企业安全生产许可证实施办法》规定的安全生产条件项，故意隐瞒且影响评价结论的。(5) 存在法规、规章中列举的重大事故隐患，未消除或者未采取有效的管控措施，故意隐瞒且影响评价结论的。(6) 故意隐瞒煤矿瓦斯、冲击地压、水害、火灾等主要灾害等级、超层越界等重大事故隐患或者情况，影响评价结论的。(7) 矿山主要生产系统、尾矿库坝体和排洪系统等内容与评价期间实际情况严重不符，且实际情况不符合安全生产有关标准、规范规定或者安全设施设计，或者未按照安全设施设计完成工程建设，故意隐瞒且影响评价结论的。(8) 未辨识出选址位于《工业企业总平面设计规范》中规定的 11 类区域，或者周边环境中的村庄、铁路、公路等重要设施内容与评价期间实际情况不符，且实际情况不符合安全生产有关标准、规范规定或者安全设施设计，故意隐瞒且影响评价结论的。（9）总平面布置内容与评价期间实际情况严重不符，且实际情况不符合安全生产有关标准、规范规定或者安全设施设计，故意隐瞒且影响评价结论的。（10）建设项目安全设施设计及其重大变更未经有关部门批准，或者安全设施验收评价报告中存在不符合验收要求的否决项，仍出具“合格”或者“符合安全生产条件”结论报告的。（11）伪造矿山安全评价机构公章，冒用他人名义或者允许他人冒用本人名义在安全评价报告或者原始记录中签名的。（12）法规、规章、标准或者行政规范性文件列举的其他虚假情况。

矿山检测检验报告存在下列情形之一的，属于虚假报告：（1）未经检测检验，或者承担现场检测检验的人员未按规定到现场实际地点开展检测检验等有关工作的。（2）伪造、变造原始数据、记录，或者未按照标准等规定采用原始数据、记录的。（3）减少、遗漏或者变更国家规定中应当检测检验的项目，或者改变关键检测检验条件的。（4）调换检测检验对象或者改变其原有状态进行检测检验的。（5）伪造矿山安全检测检验机构公章、检测检验专用章或者资质标志，冒用他人名义或者允许他人冒用本人名义在检测检验报告或者原始记录中签名，伪造授权签字人签名或者签发时间的。（6）法规、规章、标准或者行政规范性文件列举的其他虚假情况。

**2. 失实报告。**矿山安全评价报告存在下列情形之一的，属于失实报告：（1）评价期间，未辨识出国家明令限制类、淘汰类工艺及设备或者辨识有误，且影响评价结论的。（2）评价期间，矿山存在不符合国家和行业规定的安全生产条件项，评价报告未做评价的。（3）评价期间，矿山存在法规、规章中列举的重大事故隐患，评价报告未做评价的。（4）矿山主要生产系统缺项、漏项，且影响评价结论的。（5）主要危险有害因素辨识与分析漏项的。（6）《金属非金属矿山建设项目安全评价报告编写提纲》要求的重要定量计算分析缺失的。（7）井工煤矿采掘工艺、露天煤矿采剥工艺未了解清楚，评价报告未做评价的。（8）存在主要法规、标准引用错误，且影响评价结论的。（9）对策措施建议与被评价项目存在问题不符的。（10）法规、规章、标准或者行政规范性文件列举的其他失实情况。

矿山检测检验报告存在下列情形之一，且数据、结果存在错误或者无法复核的，属于失实报告：（1）检测检验对象的抽样、采集、标识、分发、流转、制备、保存、处置不符合标准等规定，存在检测检验对象代表性不够、污染、混淆、损毁、性状异常改变等情形的。（2）使用未经检定或者标校的仪器、设备、设施的。（3）违反国家规定的检测检验规范或者方法的。（4）未按照标准等规定传输、保存原始数据和检测检验报告的。（5）法规、规章、标准或者行政规范性文件列举的其他失实情况。

### 三、法律责任

承担煤矿安全评价、认证、检测、检验等职责的煤矿安全生产技术服务机构存在上述违法行为的，应当区分不同情形，根据《中华人民共和国安全生产法》第九十二条的规定予以处罚。出具失实报告的，责令停业整顿，并处三万元以上十万元以下的罚款；给他人造成损害的，依法承担赔偿责任。租借资质、挂靠、出具虚假报告的，没收违法所得；违法所得在十万元以上的，并处违法所得两倍以上五倍以下的罚款，没有违法所得或者违法所得不足十万元的，单处或者并处十万元以上二十万元以下的罚款；对其直接负责的主管人员和其他直接责任人员处五万元以上十万元以下的罚款；给他人造成损害的，与生产经营单位承担连带赔偿责任。

为加大对存在违法行为的机构的惩治力度，《中华人民共和国安全生产法》第九十二条还规定了资格罚制度，即由有关部门撤销有违法行为的机构所取得的安全评价、认证、检测、检验的资格，并规定五年内不得从事安全评价、认证、检测、检验等工作；情节严重的，实行终身行业和职业禁入。为做好与《中华人民共和国安全生产法》的衔接，本条特别明确，煤矿安全生产技术服务机构的主要负责人对重大、特别重大煤矿生产安全事故负有责任的，即属于“情节严重的”情形，其终身不得从事煤矿安全生产相关技术服务。

**第七十三条** 本条例规定的行政处罚，由县级以上人民政府负有煤矿安全生产监督管理职责的部门和其他有关部门、国家矿山安全监察机构及其设在地方的矿山安全监察机构按照职责分工决定，对同一违法行为不得给予两次以上罚款的行政处罚。对被责令停产整顿的煤矿企业，应当暂扣安全生产许可证等。对违反本条例规定的严重违法行为，应当依法从重处罚。

## ◆ 条文主旨

本条是关于行政处罚职责分工的规定。

## ◆ 条文释义

### 一、本条例规定的行政处罚的实施机关

煤矿安全监管的职责涉及多个部门，县级以上人民政府负有煤矿安全生产监督管理职责的部门和自然资源、能源及煤炭行业管理、公安、人力资源和社会保障、市场监管等其他有关部门，以及

国家矿山安全监察机构及其设在地方的矿山安全监察机构，应当按照各自职责分工依照本条例对煤矿安全生产违法行为实施行政处罚。

为了防止行政机关针对当事人的同一个违法行为多次实施罚款处罚，《中华人民共和国行政处罚法》明确规定了“一事不再罚”，又称“一事不二罚”或者“禁止双重处罚”的原则，即对当事人的同一个违法行为，不得给予两次以上罚款的行政处罚。其中需要特别注意的是，除煤矿安全监管部门对煤矿企业违反安全生产法律法规的行为有行政处罚权外，根据国家矿山安全监察局及其省级局“三定”方案，各级矿山安全监察机构也负有对煤矿企业贯彻执行安全生产法律法规情况进行监督检查，对煤矿企业安全生产条件、设备设施安全情况进行监管执法，对发现的违法违规问题实施行政处罚的职责。两个部门应当建立信息共享、案件移送机制，加强协作配合，不得对煤矿企业同一个违法行为重复实施罚款处罚。

## 二、应当依法从重处罚的情形

《应急管理行政裁量权基准暂行规定》规定，当事人有下列情形之一的，应当依法从重处罚：（1）因同一违法行为受过刑事处罚，或者一年内因同一种违法行为受过行政处罚的。（2）拒绝、阻碍或者以暴力方式威胁行政执法人员执行职务的。（3）伪造、隐匿、毁灭证据的。（4）对举报人、证人和行政执法人员打击报复的。（5）法律、法规、规章规定其他应当从重处罚的。

当事人存在从重处罚情节的，应当在依法可以选择的处罚种类和处罚幅度内，适用较重、较多的处罚种类或者较高的处罚幅度。

**第七十四条**　地方各级人民政府、县级以上人民政府负有煤矿安全生产监督管理职责的部门和其他有关部门、国家矿山安全监察机构及其设在地方的矿山安全监察机构有下列情形之一的，对负有责任的领导人员和直接责任人员依法给予处分：

（一）县级以上人民政府负有煤矿安全生产监督管理职责的部门、国家矿山安全监察机构及其设在地方的矿山安全监察机构不依法履行职责，不及时查处所辖区域内重大事故隐患和安全生产违法行为的；县级以上人民政府其他有关部门未依法履行煤矿安全生产相关职责的；

（二）乡镇人民政府在所辖区域内发现未依法取得安全生产许可证等擅自进行煤矿生产，没有采取有效措施制止或者没有向县级人民政府相关主管部门报告的；

（三）对被责令停产整顿的煤矿企业，在停产整顿期间，因有关地方人民政府监督检查不力，煤矿企业在停产整顿期间继续生产的；

（四）关闭煤矿未达到本条例第七十条第二款规定要求的；

（五）县级以上人民政府负有煤矿安全生产监督管理职责的部门、国家矿山安全监察机构及其设在地方的矿山安全监察机构接到举报后，不及时处理的；

（六）县级以上地方人民政府及其有关部门要求不具备安全生产条件的煤矿企业进行生产的；

（七）有其他滥用职权、玩忽职守、徇私舞弊情形的。

## ◆条文主旨

本条是关于地方政府及相关部门未依法履行职责的法律责任的规定。

◆ 条文释义

政府及有关部门要求不具备安全生产条件的煤矿企业进行生产的违法行为，包括对不符合安全生产条件的安全生产的事项予以批准或者验收通过，也包括向不符合安全生产条件的煤矿企业下达保供指标、生产任务或者生产经营绩效指标。如，有关部门向停产技改煤矿、证件不齐全煤矿下达保供任务或者以下达生产经营绩效指标形式变相下达生产任务的，即属于此类情形。“安全生产条件”是指本条例以及有关法律、行政法规和保障安全生产的国家标准或者行业标准规定的安全生产条件。

**第七十五条** 违反本条例规定，构成犯罪的，依法追究刑事责任。

◆ 条文主旨

本条是关于构成犯罪追究刑事责任的规定。

◆ 条文释义

**一、煤矿企业及有关人员的刑事责任**

煤矿企业及有关人员违反本条例规定，构成犯罪的，依法追究刑事责任。涉及煤矿安全生产的刑事犯罪主要包括重大责任事故罪；强令、组织他人违章冒险作业罪；重大劳动安全事故罪；不报、谎报安全事故罪；非法采矿罪；非法买卖、储存爆炸物罪；危险作业罪等。

## 二、技术服务机构的刑事责任

承担煤矿安全评价、认证、检测、检验、设计、施工、监理等职责的单位违反本条例规定，构成犯罪的，依法追究刑事责任。包括两种情形：(1) 承担煤矿安全评价、认证、检测、检验等职责的煤矿安全生产技术服务机构的人员故意提供虚假证明文件，情节严重的，构成《中华人民共和国刑法》第二百二十九条第一款规定的“提供虚假证明文件罪”，将被处五年以下有期徒刑或者拘役，并处罚金；如在涉及公共安全的重大工程、项目中提供虚假的安全评价等证明文件，致使公共财产、国家和人民利益遭受特别重大损失的，处五年以上十年以下有期徒刑，并处罚金。(2) 承担煤矿安全评价、认证、检测、检验等职责的煤矿安全生产技术服务机构的人员严重不负责任，出具的证明文件有重大失实，造成严重后果的，构成《中华人民共和国刑法》第二百二十九条第二款规定的“出具证明文件重大失实罪”，将被处三年以下有期徒刑或者拘役，并处或者单处罚金。(3) 煤矿安全设施设计、施工、监理等单位违反本条例规定，可能构成“提供虚假证明文件罪”“工程重大安全事故罪”“重大责任事故罪”“重大劳动安全事故罪”等刑事犯罪。

## 三、国家机关工作人员的刑事责任

负有煤矿安全监督管理职责的国家机关工作人员违反本条例规定，构成犯罪的，依法追究刑事责任。如，有关国家工作人员严重不负责任，不履行或者不认真履行职责，致使公共财产、国家和人民利益遭受重大损失的，构成《中华人民共和国刑法》第三百九十七条规定的“玩忽职守罪”，将被处三年以下有期徒刑或者拘役；情节特别严重的，处三年以上七年以下有期徒刑。

# 第六章 附　　则

**第七十六条**　本条例自 2024 年 5 月 1 日起施行。《煤矿安全监察条例》和《国务院关于预防煤矿生产安全事故的特别规定》同时废止。

## ◆ 条文主旨

本条是关于本条例施行日期的规定。

## ◆ 条文释义

本条例的颁布日期与施行日期之间留有一定的时间间隔，主要是为了使各有关方面利用这段时间充分做好本条例实施的各项必要准备工作。

根据《中华人民共和国行政处罚法》的规定，实施行政处罚，适用违法行为发生时的法律、法规、规章的规定。但是，作出行政处罚决定时，法律、法规、规章已被修改或者废止，且新的规定处罚较轻或者不认为是违法的，适用新的规定。

# 附录1

# 煤矿安全生产条例

（2024年1月13日中华人民共和国国务院令第774号公布）

## 第一章　总　　则

**第一条**　为了加强煤矿安全生产工作，防止和减少煤矿生产安全事故，保障人民群众生命财产安全，制定本条例。

**第二条**　在中华人民共和国领域和中华人民共和国管辖的其他海域内的煤矿安全生产，适用本条例。

**第三条**　煤矿安全生产工作坚持中国共产党的领导。

煤矿安全生产工作应当以人为本，坚持人民至上、生命至上，把保护人民生命安全摆在首位，贯彻安全发展理念，坚持安全第一、预防为主、综合治理的方针，从源头上防范化解重大安全风险。

煤矿安全生产工作实行管行业必须管安全、管业务必须管安全、管生产经营必须管安全，按照国家监察、地方监管、企业负责，强化和落实安全生产责任。

**第四条**　煤矿企业应当履行安全生产主体责任，加强安全生产管理，建立健全并落实全员安全生产责任制和安全生产规章制度，加大对安全生产资金、物资、技术、人员的投入保障力度，改善安全生产条件，加强安全生产标准化、信息化建设，构建安全风险分级管控和隐患排查治理双重预防机制，健全风险防范化解机制，提高安全生产水平，确保安全生产。

煤矿企业主要负责人（含实际控制人，下同）是本企业安全生产第一责任人，对本企业安全生产工作全面负责。其他负责人对职责范围内的安全生产工作负责。

**第五条** 县级以上人民政府应当加强对煤矿安全生产工作的领导，建立健全工作协调机制，支持、督促各有关部门依法履行煤矿安全生产工作职责，及时协调、解决煤矿安全生产工作中的重大问题。

**第六条** 县级以上人民政府负有煤矿安全生产监督管理职责的部门对煤矿安全生产实施监督管理，其他有关部门按照职责分工依法履行煤矿安全生产相关职责。

**第七条** 国家实行煤矿安全监察制度。国家矿山安全监察机构及其设在地方的矿山安全监察机构负责煤矿安全监察工作，依法对地方人民政府煤矿安全生产监督管理工作进行监督检查。

国家矿山安全监察机构及其设在地方的矿山安全监察机构依法履行煤矿安全监察职责，不受任何单位和个人的干涉。

**第八条** 国家实行煤矿生产安全事故责任追究制度。对煤矿生产安全事故责任单位和责任人员，依照本条例和有关法律法规的规定追究法律责任。

国家矿山安全监察机构及其设在地方的矿山安全监察机构依法组织或者参与煤矿生产安全事故调查处理。

**第九条** 县级以上人民政府负有煤矿安全生产监督管理职责的部门、国家矿山安全监察机构及其设在地方的矿山安全监察机构应当建立举报制度，公开举报电话、信箱或者电子邮件地址等网络举报平台，受理有关煤矿安全生产的举报并依法及时处理；对需要由其他有关部门进行调查处理的，转交其他有关部门处理。

任何单位和个人对事故隐患或者安全生产违法行为，有权向前款规定的部门和机构举报。举报事项经核查属实的，依法依规给予奖励。

**第十条** 煤矿企业从业人员有依法获得安全生产保障的权利，并应当依法履行安全生产方面的义务。

**第十一条** 国家矿山安全监察机构应当按照保障煤矿安全生产的要求，在国务院应急管理部门的指导下，依法及时拟订煤矿安全生产国家标准或者行业标准，并负责煤矿安全生产强制性国家标准的项目提出、组织起草、征求意见、技术审查。

**第十二条** 国家鼓励和支持煤矿安全生产科学技术研究和煤矿安全生产先进技术、工艺的推广应用，提升煤矿智能化开采水平，推进煤矿安全生产的科学管理，提高安全生产水平。

## 第二章 煤矿企业的安全生产责任

**第十三条** 煤矿企业应当遵守有关安全生产的法律法规以及煤矿安全规程，执行保障安全生产的国家标准或者行业标准。

**第十四条** 新建、改建、扩建煤矿工程项目（以下统称煤矿建设项目）的建设单位应当委托具有建设工程设计企业资质的设计单位进行安全设施设计。

安全设施设计应当包括煤矿水、火、瓦斯、冲击地压、煤尘、顶板等主要灾害的防治措施，符合国家标准或者行业标准的要求，并报省、自治区、直辖市人民政府负有煤矿安全生产监督管理职责的部门审查。安全设施设计需要作重大变更的，应当报原审查部门重新审查，不得先施工后报批、边施工边修改。

**第十五条** 煤矿建设项目的建设单位应当对参与煤矿建设项目的设计、施工、监理等单位进行统一协调管理，对煤矿建设项目安全管理负总责。

施工单位应当按照批准的安全设施设计施工，不得擅自变更设计内容。

**第十六条** 煤矿建设项目竣工投入生产或者使用前，应当由建设单位负责组织对安全设施进行验收，并对验收结果负责；经验收合格后，方可投入生产和使用。

**第十七条** 煤矿企业进行生产，应当依照《安全生产许可证条例》的规定取得安全生产许可证。未取得安全生产许可证的，不得生产。

**第十八条** 煤矿企业主要负责人对本企业安全生产工作负有下列职责：

（一）建立健全并落实全员安全生产责任制，加强安全生产标准化建设；

（二）组织制定并实施安全生产规章制度和作业规程、操作规程；

（三）组织制定并实施安全生产教育和培训计划；

（四）保证安全生产投入的有效实施；

（五）组织建立并落实安全风险分级管控和隐患排查治理双重预防工作机制，督促、检查安全生产工作，及时消除事故隐患；

（六）组织制定并实施生产安全事故应急救援预案；

（七）及时、如实报告煤矿生产安全事故。

**第十九条** 煤矿企业应当设置安全生产管理机构并配备专职安全生产管理人员。安全生产管理机构和安全生产管理人员负有下列安全生产职责：

（一）组织或者参与拟订安全生产规章制度、作业规程、操作规程和生产安全事故应急救援预案；

（二）组织或者参与安全生产教育和培训，如实记录安全生产教育和培训情况；

（三）组织开展安全生产法律法规宣传教育；

（四）组织开展安全风险辨识评估，督促落实重大安全风险管控措施；

（五）制止和纠正违章指挥、强令冒险作业、违反规程的行为，发现威胁安全的紧急情况时，有权要求立即停止危险区域内的作业，撤出作业人员；

（六）检查安全生产状况，及时排查事故隐患，对事故隐患排查治理情况进行统计分析，提出改进安全生产管理的建议；

（七）组织或者参与应急救援演练；

（八）督促落实安全生产整改措施。

煤矿企业应当配备主要技术负责人，建立健全并落实技术管理体系。

**第二十条** 煤矿企业从业人员负有下列安全生产职责：

（一）遵守煤矿企业安全生产规章制度和作业规程、操作规程，严格落实岗位安全责任；

（二）参加安全生产教育和培训，掌握本职工作所需的安全生产知识，提高安全生产技能，增强事故预防和应急处理能力；

（三）及时报告发现的事故隐患或者其他不安全因素。

对违章指挥和强令冒险作业的行为，煤矿企业从业人员有权拒绝并向县级以上地方人民政府负有煤矿安全生产监督管理职责的部门、所在地矿山安全监察机构报告。

煤矿企业不得因从业人员拒绝违章指挥或者强令冒险作业而降低其工资、福利等待遇，无正当理由调整工作岗位，或者解除与其订立的劳动合同。

**第二十一条** 煤矿企业主要负责人和安全生产管理人员应当通过安全生产知识和管理能力考核，并持续保持相应水平和能力。

煤矿企业从业人员经安全生产教育和培训合格，方可上岗作业。煤矿企业特种作业人员应当按照国家有关规定经专门的安全技术培训和考核合格，并取得相应资格。

**第二十二条** 煤矿企业应当为煤矿分别配备专职矿长、总工程师，分管安全、生产、机电的副矿长以及专业技术人员。

对煤（岩）与瓦斯（二氧化碳）突出、高瓦斯、冲击地压、煤层容易自燃、水文地质类型复杂和极复杂的煤矿，还应当设立相应的专门防治机构，配备专职副总工程师。

**第二十三条** 煤矿企业应当按照国家有关规定建立健全领导带班制度并严格考核。

井工煤矿企业的负责人和生产经营管理人员应当轮流带班下井，并建立下井登记档案。

**第二十四条** 煤矿企业应当为从业人员提供符合国家标准或者行业标准的劳动防护用品，并监督、教育从业人员按照使用规则佩戴、使用。

煤矿井下作业人员实行安全限员制度。煤矿企业应当依法制定井下工作时间管理制度。煤矿井下工作岗位不得使用劳务派遣用工。

**第二十五条** 煤矿企业使用的安全设备的设计、制造、安装、使用、检测、维修、改造和报废，应当符合国家标准或者行业标准。

煤矿企业应当建立安全设备台账和追溯、管理制度，对安全设备进行经常性维护、保养并定期检测，保证正常运转，对安全设备购置、入库、使用、维护、保养、检测、维修、改造、报废等进行全流程记录并存档。

煤矿企业不得使用应当淘汰的危及生产安全的设备、工艺，具体目录由国家矿山安全监察机构制定并公布。

**第二十六条** 煤矿的采煤、掘进、机电、运输、通风、排水、排土等主要生产系统和防瓦斯、防煤（岩）与瓦斯（二氧化碳）突出、防冲击地压、防火、防治水、防尘、防热害、防滑坡、监控与通讯等安全设施，应当符合煤矿安全规程和国家标准或者行业标准规定的管理和技术要求。

煤矿企业及其有关人员不得关闭、破坏直接关系生产安全的监控、报警、防护、救生设备、设施，或者篡改、隐瞒、销毁其相关数据、信息，不得以任何方式影响其正常使用。

**第二十七条** 井工煤矿应当有符合煤矿安全规程和国家标准或者行业标准规定的安全出口、独立通风系统、安全监控系统、防尘供水系统、防灭火系统、供配电系统、运送人员装置和反映煤矿实际情况的图纸，并按照规定进行瓦斯等级、冲击地压、煤层自燃倾向性和煤尘爆炸性鉴定。

井工煤矿应当按矿井瓦斯等级选用相应的煤矿许用炸药和电雷管，爆破工作由专职爆破工承担。

**第二十八条** 露天煤矿的采场及排土场边坡与重要建筑物、构筑物之间应当留有足够的安全距离。

煤矿企业应当定期对露天煤矿进行边坡稳定性评价，评价范围应当涵盖露天煤矿所有边坡。达不到边坡稳定要求时，应当修改采矿设计或者采取安全措施，同时加强边坡监测工作。

**第二十九条** 煤矿企业应当依法制定生产安全事故应急救援预案，与所在地县级以上地方人民政府组织制定的生产安全事故应急救援预案相衔接，并定期组织演练。

煤矿企业应当设立专职救护队；不具备设立专职救护队条件的，应当设立兼职救护队，并与邻近的专职救护队签订救护协议。发生事故时，专职救护队应当在规定时间内到达煤矿开展救援。

**第三十条** 煤矿企业应当在依法确定的开采范围内进行生产，不得超层、越界开采。

采矿作业不得擅自开采保安煤柱，不得采用可能危及相邻煤矿生产安全的决水、爆破、贯通巷道等危险方法。

**第三十一条** 煤矿企业不得超能力、超强度或者超定员组织生产。正常生产煤矿因地质、生产技术条件、采煤方法或者工艺等发生变化导致生产能力发生较大变化的，应当依法重新核定其生产能力。

县级以上地方人民政府及其有关部门不得要求不具备安全生产条件的煤矿企业进行生产。

**第三十二条** 煤矿企业应当按照煤矿灾害程度和类型实施灾害治理，编制年度灾害预防和处理计划，并根据具体情况及时修改。

**第三十三条** 煤矿开采有下列情形之一的，应当编制专项设计：

（一）有煤（岩）与瓦斯（二氧化碳）突出的；

（二）有冲击地压危险的；

（三）开采需要保护的建筑物、水体、铁路下压煤或者主要井巷留设煤柱的；

（四）水文地质类型复杂、极复杂或者周边有老窑采空区的；

（五）开采容易自燃和自燃煤层的；

（六）其他需要编制专项设计的。

**第三十四条** 在煤矿进行石门揭煤、探放水、巷道贯通、清理煤仓、强制放顶、火区密闭和启封、动火以及国家矿山安全监察机构规定的其他危险作业，应当采取专门安全技术措施，并安排专门人员进行现场安全管理。

**第三十五条** 煤矿企业应当建立安全风险分级管控制度，开展安全风险辨识评估，按照安全风险分级采取相应的管控措施。

煤矿企业应当建立健全事故隐患排查治理制度，采取技术、管理措施，及时发现并消除事故隐患。事故隐患排查治理情况应当如实记录，并定期向从业人员通报。重大事故隐患排查治理情况的书面报告经煤矿企业负责人签字后，每季度报县级以上地方人民政府负有煤矿安全生产监督管理职责的部门和所在地矿山安全监察机构。

煤矿企业应当加强对所属煤矿的安全管理，定期对所属煤矿进行安全检查。

**第三十六条** 煤矿企业有下列情形之一的，属于重大事故隐患，应当立即停止受影响区域生产、建设，并及时消除事故隐患：

（一）超能力、超强度或者超定员组织生产的；

（二）瓦斯超限作业的；

（三）煤（岩）与瓦斯（二氧化碳）突出矿井未按照规定实施防突措施的；

（四）煤（岩）与瓦斯（二氧化碳）突出矿井、高瓦斯矿井未按照规定建立瓦斯抽采系统，或者系统不能正常运行的；

（五）通风系统不完善、不可靠的；

（六）超层、越界开采的；

（七）有严重水患，未采取有效措施的；

（八）有冲击地压危险，未采取有效措施的；

（九）自然发火严重，未采取有效措施的；

（十）使用应当淘汰的危及生产安全的设备、工艺的；

（十一）未按照规定建立监控与通讯系统，或者系统不能正常运行的；

（十二）露天煤矿边坡角大于设计最大值或者边坡发生严重变形，未采取有效措施的；

（十三）未按照规定采用双回路供电系统的；

（十四）新建煤矿边建设边生产，煤矿改扩建期间，在改扩建的区域生产，或者在其他区域的生产超出设计规定的范围和规模的；

（十五）实行整体承包生产经营后，未重新取得或者及时变更安全生产许可证而从事生产，或者承包方再次转包，以及将井下采掘工作面和井巷维修作业外包的；

（十六）改制、合并、分立期间，未明确安全生产责任人和安全生产管理机构，或者在完成改制、合并、分立后，未重新取得或者及时变更安全生产许可证等的；

（十七）有其他重大事故隐患的。

**第三十七条** 煤矿企业及其有关人员对县级以上人民政府负有煤矿安全生产监督管理职责的部门、国家矿山安全监察机构及其设在地方的矿山安全监察机构依法履行职责，应当予以配合，按照要求如实提供有关情况，不得隐瞒或者拒绝、阻挠。

对县级以上人民政府负有煤矿安全生产监督管理职责的部门、国家矿山安全监察机构及其设在地方的矿山安全监察机构查处的事故隐患，煤矿企业应当立即进行整改，并按照要求报告整改结果。

**第三十八条** 煤矿企业应当及时足额安排安全生产费用等资金，确保符合安全生产要求。煤矿企业的决策机构、主要负责人对由于安全生产所必需的资金投入不足导致的后果承担责任。

## 第三章 煤矿安全生产监督管理

**第三十九条** 煤矿安全生产实行地方党政领导干部安全生产责任制，强化煤矿安全生产属地管理。

**第四十条** 省、自治区、直辖市人民政府应当按照分级分类监管的原则，明确煤矿企业的安全生产监管主体。

县级以上人民政府相关主管部门对未依法取得安全生产许可证等擅自进行煤矿生产的，应当依法查处。

乡镇人民政府在所辖区域内发现未依法取得安全生产许可证等擅自进行煤矿生产的，应当采取有效措施制止，并向县级人民政府相关主管部门报告。

**第四十一条** 省、自治区、直辖市人民政府负有煤矿安全生产监督管理职责的部门审查煤矿建设项目安全设施设计，应当自受理之日起30日内审查完毕，签署同意或者不同意的意见，并书面答复。

省、自治区、直辖市人民政府负有煤矿安全生产监督管理职责的部门应当加强对建设单位安全设施验收活动和验收结果的监督核查。

**第四十二条**　省、自治区、直辖市人民政府负有煤矿安全生产监督管理职责的部门负责煤矿企业安全生产许可证的颁发和管理，并接受国家矿山安全监察机构及其设在地方的矿山安全监察机构的监督。

**第四十三条**　县级以上地方人民政府负有煤矿安全生产监督管理职责的部门应当编制煤矿安全生产年度监督检查计划，并按照计划进行监督检查。

煤矿安全生产年度监督检查计划应当抄送所在地矿山安全监察机构。

**第四十四条**　县级以上地方人民政府负有煤矿安全生产监督管理职责的部门依法对煤矿企业进行监督检查，并将煤矿现场安全生产状况作为监督检查重点内容。监督检查可以采取以下措施：

（一）进入煤矿企业进行检查，重点检查一线生产作业场所，调阅有关资料，向有关单位和人员了解情况；

（二）对检查中发现的安全生产违法行为，当场予以纠正或者要求限期改正；

（三）对检查中发现的事故隐患，应当责令立即排除；重大事故隐患排除前或者排除过程中无法保证安全的，应当责令从危险区域内撤出作业人员，责令暂时停产或者停止使用相关设施、设备；

（四）对有根据认为不符合保障安全生产的国家标准或者行业标准的设施、设备、器材予以查封或者扣押。

监督检查不得影响煤矿企业的正常生产经营活动。

**第四十五条** 县级以上地方人民政府负有煤矿安全生产监督管理职责的部门应当将重大事故隐患纳入相关信息系统，建立健全重大事故隐患治理督办制度，督促煤矿企业消除重大事故隐患。

**第四十六条** 县级以上地方人民政府负有煤矿安全生产监督管理职责的部门应当加强对煤矿安全生产技术服务机构的监管。

承担安全评价、认证、检测、检验等职责的煤矿安全生产技术服务机构应当依照有关法律法规和国家标准或者行业标准的规定开展安全生产技术服务活动，并对出具的报告负责，不得租借资质、挂靠、出具虚假报告。

**第四十七条** 县级以上人民政府及其有关部门对存在安全生产失信行为的煤矿企业、煤矿安全生产技术服务机构及有关从业人员，依法依规实施失信惩戒。

**第四十八条** 对被责令停产整顿的煤矿企业，在停产整顿期间，有关地方人民政府应当采取有效措施进行监督检查。

煤矿企业有安全生产违法行为或者重大事故隐患依法被责令停产整顿的，应当制定整改方案并进行整改。整改结束后要求恢复生产的，县级以上地方人民政府负有煤矿安全生产监督管理职责的部门应当组织验收，并在收到恢复生产申请之日起 20 日内组织验收完毕。验收合格的，经本部门主要负责人签字，并经所在地矿山安全监察机构审核同意，报本级人民政府主要负责人批准后，方可恢复生产。

**第四十九条** 县级以上地方人民政府负有煤矿安全生产监督管理职责的部门对被责令停产整顿或者关闭的煤矿企业，应当在 5 个工作日内向社会公告；对被责令停产整顿的煤矿企业经验收合格恢复生产的，应当自恢复生产之日起 5 个工作日内向社会公告。

## 第四章　煤矿安全监察

**第五十条**　国家矿山安全监察机构及其设在地方的矿山安全监察机构应当依法履行煤矿安全监察职责，对县级以上地方人民政府煤矿安全生产监督管理工作加强监督检查，并及时向有关地方人民政府通报监督检查的情况，提出改善和加强煤矿安全生产工作的监察意见和建议，督促开展重大事故隐患整改和复查。

县级以上地方人民政府应当配合和接受国家矿山安全监察机构及其设在地方的矿山安全监察机构的监督检查，及时落实监察意见和建议。

**第五十一条**　设在地方的矿山安全监察机构应当对所辖区域内煤矿安全生产实施监察；对事故多发地区，应当实施重点监察。国家矿山安全监察机构根据实际情况，组织对全国煤矿安全生产的全面监察或者重点监察。

**第五十二条**　国家矿山安全监察机构及其设在地方的矿山安全监察机构对县级以上地方人民政府煤矿安全生产监督管理工作进行监督检查，可以采取以下方式：

（一）听取有关地方人民政府及其负有煤矿安全生产监督管理职责的部门工作汇报；

（二）调阅、复制与煤矿安全生产有关的文件、档案、工作记录等资料；

（三）要求有关地方人民政府及其负有煤矿安全生产监督管理职责的部门和有关人员就煤矿安全生产工作有关问题作出说明；

（四）有必要采取的其他方式。

**第五十三条**　国家矿山安全监察机构及其设在地方的矿山安全监察机构履行煤矿安全监察职责，有权进入煤矿作业场所进行检查，参加煤矿企业安全生产会议，向有关煤矿企业及人员了解情况。

国家矿山安全监察机构及其设在地方的矿山安全监察机构发现煤矿现场存在事故隐患的，有权要求立即排除或者限期排除；发现有违章指挥、强令冒险作业、违章作业以及其他安全生产违法行为的，有权立即纠正或者要求立即停止作业；发现威胁安全的紧急情况时，有权要求立即停止危险区域内的作业并撤出作业人员。

矿山安全监察人员履行煤矿安全监察职责，应当出示执法证件。

**第五十四条** 国家矿山安全监察机构及其设在地方的矿山安全监察机构发现煤矿企业存在重大事故隐患责令停产整顿的，应当及时移送县级以上地方人民政府负有煤矿安全生产监督管理职责的部门处理并进行督办。

**第五十五条** 国家矿山安全监察机构及其设在地方的矿山安全监察机构发现煤矿企业存在应当由其他部门处理的违法行为的，应当及时移送有关部门处理。

**第五十六条** 国家矿山安全监察机构及其设在地方的矿山安全监察机构和县级以上人民政府有关部门应当建立信息共享、案件移送机制，加强协作配合。

**第五十七条** 国家矿山安全监察机构及其设在地方的矿山安全监察机构应当加强煤矿安全生产信息化建设，运用信息化手段提升执法水平。

煤矿企业应当按照国家矿山安全监察机构制定的安全生产电子数据规范联网并实时上传电子数据，对上传电子数据的真实性、准确性和完整性负责。

**第五十八条** 国家矿山安全监察机构及其设在地方的矿山安全监察机构依法对煤矿企业贯彻执行安全生产法律法规、煤矿安全规程以及保障安全生产的国家标准或者行业标准的情况进行监督检查，行使本条例第四十四条规定的职权。

**第五十九条**　发生煤矿生产安全事故后，煤矿企业及其负责人应当迅速采取有效措施组织抢救，并依照《生产安全事故报告和调查处理条例》的规定立即如实向当地应急管理部门、负有煤矿安全生产监督管理职责的部门和所在地矿山安全监察机构报告。

国家矿山安全监察机构及其设在地方的矿山安全监察机构应当根据事故等级和工作需要，派出工作组赶赴事故现场，指导配合事故发生地地方人民政府开展应急救援工作。

**第六十条**　煤矿生产安全事故按照事故等级实行分级调查处理。

特别重大事故由国务院或者国务院授权有关部门依照《生产安全事故报告和调查处理条例》的规定组织调查处理。重大事故、较大事故、一般事故由国家矿山安全监察机构及其设在地方的矿山安全监察机构依照《生产安全事故报告和调查处理条例》的规定组织调查处理。

## 第五章　法　律　责　任

**第六十一条**　未依法取得安全生产许可证等擅自进行煤矿生产的，应当责令立即停止生产，没收违法所得和开采出的煤炭以及采掘设备；违法所得在10万元以上的，并处违法所得2倍以上5倍以下的罚款；没有违法所得或者违法所得不足10万元的，并处10万元以上20万元以下的罚款。

关闭的煤矿企业擅自恢复生产的，依照前款规定予以处罚。

**第六十二条**　煤矿企业有下列行为之一的，依照《中华人民共和国安全生产法》有关规定予以处罚：

（一）未按照规定设置安全生产管理机构并配备安全生产管理人员的；

（二）主要负责人和安全生产管理人员未按照规定经考核合格并持续保持相应水平和能力的；

（三）未按照规定进行安全生产教育和培训，未按照规定如实告知有关的安全生产事项，或者未如实记录安全生产教育和培训情况的；

（四）特种作业人员未按照规定经专门的安全作业培训并取得相应资格，上岗作业的；

（五）进行危险作业，未采取专门安全技术措施并安排专门人员进行现场安全管理的；

（六）未按照规定建立并落实安全风险分级管控制度和事故隐患排查治理制度的，或者重大事故隐患排查治理情况未按照规定报告的；

（七）未按照规定制定生产安全事故应急救援预案或者未定期组织演练的。

**第六十三条** 煤矿企业有下列行为之一的，责令限期改正，处10万元以上20万元以下的罚款；逾期未改正的，责令停产整顿，并处20万元以上50万元以下的罚款，对其直接负责的主管人员和其他直接责任人员处3万元以上5万元以下的罚款：

（一）未按照规定制定并落实全员安全生产责任制和领导带班等安全生产规章制度的；

（二）未按照规定为煤矿配备矿长等人员和机构，或者未按照规定设立救护队的；

（三）煤矿的主要生产系统、安全设施不符合煤矿安全规程和国家标准或者行业标准规定的；

（四）未按照规定编制专项设计的；

（五）井工煤矿未按照规定进行瓦斯等级、冲击地压、煤层自燃倾向性和煤尘爆炸性鉴定的；

（六）露天煤矿的采场及排土场边坡与重要建筑物、构筑物之间安全距离不符合规定的，或者未按照规定保持露天煤矿边坡稳定的；

（七）违章指挥或者强令冒险作业、违反规程的。

**第六十四条** 对存在重大事故隐患仍然进行生产的煤矿企业，责令停产整顿，明确整顿的内容、时间等具体要求，并处 50 万元以上 200 万元以下的罚款；对煤矿企业主要负责人处 3 万元以上 15 万元以下的罚款。

**第六十五条** 煤矿企业超越依法确定的开采范围采矿的，依照有关法律法规的规定予以处理。

擅自开采保安煤柱或者采用可能危及相邻煤矿生产安全的决水、爆破、贯通巷道等危险方法进行采矿作业的，责令立即停止作业，没收违法所得；违法所得在 10 万元以上的，并处违法所得 2 倍以上 5 倍以下的罚款；没有违法所得或者违法所得不足 10 万元的，并处 10 万元以上 20 万元以下的罚款；造成损失的，依法承担赔偿责任。

**第六十六条** 煤矿企业有下列行为之一的，责令改正；拒不改正的，处 10 万元以上 20 万元以下的罚款；对其直接负责的主管人员和其他直接责任人员处 1 万元以上 2 万元以下的罚款：

（一）违反本条例第三十七条第一款规定，隐瞒存在的事故隐患以及其他安全问题的；

（二）违反本条例第四十四条第一款规定，擅自启封或者使用被查封、扣押的设施、设备、器材的；

（三）有其他拒绝、阻碍监督检查行为的。

**第六十七条** 发生煤矿生产安全事故，对负有责任的煤矿企业除要求其依法承担相应的赔偿等责任外，依照下列规定处以罚款：

（一）发生一般事故的，处 50 万元以上 100 万元以下的罚款；

（二）发生较大事故的，处 150 万元以上 200 万元以下的罚款；

（三）发生重大事故的，处 500 万元以上 1000 万元以下的罚款；

（四）发生特别重大事故的，处 1000 万元以上 2000 万元以下的罚款。

发生煤矿生产安全事故，情节特别严重、影响特别恶劣的，可以按照前款罚款数额的 2 倍以上 5 倍以下对负有责任的煤矿企业处以罚款。

**第六十八条** 煤矿企业的决策机构、主要负责人、其他负责人和安全生产管理人员未依法履行安全生产管理职责的，依照《中华人民共和国安全生产法》有关规定处罚并承担相应责任。

煤矿企业主要负责人未依法履行安全生产管理职责，导致发生煤矿生产安全事故的，依照下列规定处以罚款：

（一）发生一般事故的，处上一年年收入 40% 的罚款；

（二）发生较大事故的，处上一年年收入 60% 的罚款；

（三）发生重大事故的，处上一年年收入 80% 的罚款；

（四）发生特别重大事故的，处上一年年收入 100% 的罚款。

**第六十九条** 煤矿企业及其有关人员有瞒报、谎报事故等行为的，依照《中华人民共和国安全生产法》、《生产安全事故报告和调查处理条例》有关规定予以处罚。

有关地方人民政府及其应急管理部门、负有煤矿安全生产监督管理职责的部门和设在地方的矿山安全监察机构有瞒报、谎报事故等行为的，对负有责任的领导人员和直接责任人员依法给予处分。

**第七十条** 煤矿企业存在下列情形之一的，应当提请县级以上地方人民政府予以关闭：

（一）未依法取得安全生产许可证等擅自进行生产的；

（二）3 个月内 2 次或者 2 次以上发现有重大事故隐患仍然进行生产的；

（三）经地方人民政府组织的专家论证在现有技术条件下难以有效防治重大灾害的；

（四）有《中华人民共和国安全生产法》规定的应当提请关闭的其他情形。

有关地方人民政府作出予以关闭的决定，应当立即组织实施。关闭煤矿应当达到下列要求：

（一）依照法律法规有关规定吊销、注销相关证照；

（二）停止供应并妥善处理民用爆炸物品；

（三）停止供电，拆除矿井生产设备、供电、通信线路；

（四）封闭、填实矿井井筒，平整井口场地，恢复地貌；

（五）妥善处理劳动关系，依法依规支付经济补偿、工伤保险待遇，组织离岗时职业健康检查，偿还拖欠工资，补缴欠缴的社会保险费；

（六）设立标识牌；

（七）报送、移交相关报告、图纸和资料等；

（八）有关法律法规规定的其他要求。

**第七十一条**　有下列情形之一的，依照《中华人民共和国安全生产法》有关规定予以处罚：

（一）煤矿建设项目没有安全设施设计或者安全设施设计未按照规定报经有关部门审查同意的；

（二）煤矿建设项目的施工单位未按照批准的安全设施设计施工的；

（三）煤矿建设项目竣工投入生产或者使用前，安全设施未经验收合格的；

（四）煤矿企业违反本条例第二十四条第一款、第二十五条第一款和第二款、第二十六条第二款规定的。

**第七十二条** 承担安全评价、认证、检测、检验等职责的煤矿安全生产技术服务机构有出具失实报告、租借资质、挂靠、出具虚假报告等情形的，对该机构及直接负责的主管人员和其他直接责任人员，应当依照《中华人民共和国安全生产法》有关规定予以处罚并追究相应责任。其主要负责人对重大、特别重大煤矿生产安全事故负有责任的，终身不得从事煤矿安全生产相关技术服务工作。

**第七十三条** 本条例规定的行政处罚，由县级以上人民政府负有煤矿安全生产监督管理职责的部门和其他有关部门、国家矿山安全监察机构及其设在地方的矿山安全监察机构按照职责分工决定，对同一违法行为不得给予两次以上罚款的行政处罚。对被责令停产整顿的煤矿企业，应当暂扣安全生产许可证等。对违反本条例规定的严重违法行为，应当依法从重处罚。

**第七十四条** 地方各级人民政府、县级以上人民政府负有煤矿安全生产监督管理职责的部门和其他有关部门、国家矿山安全监察机构及其设在地方的矿山安全监察机构有下列情形之一的，对负有责任的领导人员和直接责任人员依法给予处分：

（一）县级以上人民政府负有煤矿安全生产监督管理职责的部门、国家矿山安全监察机构及其设在地方的矿山安全监察机构不依法履行职责，不及时查处所辖区域内重大事故隐患和安全生产违法行为的；县级以上人民政府其他有关部门未依法履行煤矿安全生产相关职责的；

（二）乡镇人民政府在所辖区域内发现未依法取得安全生产许可证等擅自进行煤矿生产，没有采取有效措施制止或者没有向县级人民政府相关主管部门报告的；

（三）对被责令停产整顿的煤矿企业，在停产整顿期间，因有关地方人民政府监督检查不力，煤矿企业在停产整顿期间继续生产的；

（四）关闭煤矿未达到本条例第七十条第二款规定要求的；

（五）县级以上人民政府负有煤矿安全生产监督管理职责的部门、国家矿山安全监察机构及其设在地方的矿山安全监察机构接到举报后，不及时处理的；

（六）县级以上地方人民政府及其有关部门要求不具备安全生产条件的煤矿企业进行生产的；

（七）有其他滥用职权、玩忽职守、徇私舞弊情形的。

**第七十五条**　违反本条例规定，构成犯罪的，依法追究刑事责任。

## 第六章　附　　则

**第七十六条**　本条例自2024年5月1日起施行。《煤矿安全监察条例》和《国务院关于预防煤矿生产安全事故的特别规定》同时废止。

## 附录 2

# 中华人民共和国安全生产法

（2002 年 6 月 29 日第九届全国人民代表大会常务委员会第二十八次会议通过　根据 2009 年 8 月 27 日第十一届全国人民代表大会常务委员会第十次会议《关于修改部分法律的决定》第一次修正　根据 2014 年 8 月 31 日第十二届全国人民代表大会常务委员会第十次会议《关于修改〈中华人民共和国安全生产法〉的决定》第二次修正　根据 2021 年 6 月 10 日第十三届全国人民代表大会常务委员会第二十九次会议《关于修改〈中华人民共和国安全生产法〉的决定》第三次修正）

## 第一章　总　　则

**第一条**　为了加强安全生产工作，防止和减少生产安全事故，保障人民群众生命和财产安全，促进经济社会持续健康发展，制定本法。

**第二条**　在中华人民共和国领域内从事生产经营活动的单位（以下统称生产经营单位）的安全生产，适用本法；有关法律、行政法规对消防安全和道路交通安全、铁路交通安全、水上交通安全、民用航空安全以及核与辐射安全、特种设备安全另有规定的，适用其规定。

**第三条**　安全生产工作坚持中国共产党的领导。

安全生产工作应当以人为本，坚持人民至上、生命至上，把保护人民生命安全摆在首位，树牢安全发展理念，坚持安全第一、预防为主、综合治理的方针，从源头上防范化解重大安全风险。

安全生产工作实行管行业必须管安全、管业务必须管安全、管生产经营必须管安全，强化和落实生产经营单位主体责任与政府监管责任，建立生产经营单位负责、职工参与、政府监管、行业自律和社会监督的机制。

**第四条**　生产经营单位必须遵守本法和其他有关安全生产的法律、法规，加强安全生产管理，建立健全全员安全生产责任制和安全生产规章制度，加大对安全生产资金、物资、技术、人员的投入保障力度，改善安全生产条件，加强安全生产标准化、信息化建设，构建安全风险分级管控和隐患排查治理双重预防机制，健全风险防范化解机制，提高安全生产水平，确保安全生产。

平台经济等新兴行业、领域的生产经营单位应当根据本行业、领域的特点，建立健全并落实全员安全生产责任制，加强从业人员安全生产教育和培训，履行本法和其他法律、法规规定的有关安全生产义务。

**第五条**　生产经营单位的主要负责人是本单位安全生产第一责任人，对本单位的安全生产工作全面负责。其他负责人对职责范围内的安全生产工作负责。

**第六条**　生产经营单位的从业人员有依法获得安全生产保障的权利，并应当依法履行安全生产方面的义务。

**第七条**　工会依法对安全生产工作进行监督。

生产经营单位的工会依法组织职工参加本单位安全生产工作的民主管理和民主监督，维护职工在安全生产方面的合法权益。生产经营单位制定或者修改有关安全生产的规章制度，应当听取工会的意见。

**第八条**　国务院和县级以上地方各级人民政府应当根据国民经济和社会发展规划制定安全生产规划，并组织实施。安全生产规划应当与国土空间规划等相关规划相衔接。

各级人民政府应当加强安全生产基础设施建设和安全生产监管能力建设，所需经费列入本级预算。

县级以上地方各级人民政府应当组织有关部门建立完善安全风险评估与论证机制，按照安全风险管控要求，进行产业规划和空间布局，并对位置相邻、行业相近、业态相似的生产经营单位实施重大安全风险联防联控。

**第九条** 国务院和县级以上地方各级人民政府应当加强对安全生产工作的领导，建立健全安全生产工作协调机制，支持、督促各有关部门依法履行安全生产监督管理职责，及时协调、解决安全生产监督管理中存在的重大问题。

乡镇人民政府和街道办事处，以及开发区、工业园区、港区、风景区等应当明确负责安全生产监督管理的有关工作机构及其职责，加强安全生产监管力量建设，按照职责对本行政区域或者管理区域内生产经营单位安全生产状况进行监督检查，协助人民政府有关部门或者按照授权依法履行安全生产监督管理职责。

**第十条** 国务院应急管理部门依照本法，对全国安全生产工作实施综合监督管理；县级以上地方各级人民政府应急管理部门依照本法，对本行政区域内安全生产工作实施综合监督管理。

国务院交通运输、住房和城乡建设、水利、民航等有关部门依照本法和其他有关法律、行政法规的规定，在各自的职责范围内对有关行业、领域的安全生产工作实施监督管理；县级以上地方各级人民政府有关部门依照本法和其他有关法律、法规的规定，在各自的职责范围内对有关行业、领域的安全生产工作实施监督管理。对新兴行业、领域的安全生产监督管理职责不明确的，由县级以上地方各级人民政府按照业务相近的原则确定监督管理部门。

应急管理部门和对有关行业、领域的安全生产工作实施监督管理的部门，统称负有安全生产监督管理职责的部门。负有安全生产监督管理职责的部门应当相互配合、齐抓共管、信息共享、资源共用，依法加强安全生产监督管理工作。

**第十一条**　国务院有关部门应当按照保障安全生产的要求，依法及时制定有关的国家标准或者行业标准，并根据科技进步和经济发展适时修订。

生产经营单位必须执行依法制定的保障安全生产的国家标准或者行业标准。

**第十二条**　国务院有关部门按照职责分工负责安全生产强制性国家标准的项目提出、组织起草、征求意见、技术审查。国务院应急管理部门统筹提出安全生产强制性国家标准的立项计划。国务院标准化行政主管部门负责安全生产强制性国家标准的立项、编号、对外通报和授权批准发布工作。国务院标准化行政主管部门、有关部门依据法定职责对安全生产强制性国家标准的实施进行监督检查。

**第十三条**　各级人民政府及其有关部门应当采取多种形式，加强对有关安全生产的法律、法规和安全生产知识的宣传，增强全社会的安全生产意识。

**第十四条**　有关协会组织依照法律、行政法规和章程，为生产经营单位提供安全生产方面的信息、培训等服务，发挥自律作用，促进生产经营单位加强安全生产管理。

**第十五条**　依法设立的为安全生产提供技术、管理服务的机构，依照法律、行政法规和执业准则，接受生产经营单位的委托为其安全生产工作提供技术、管理服务。

生产经营单位委托前款规定的机构提供安全生产技术、管理服务的，保证安全生产的责任仍由本单位负责。

**第十六条**　国家实行生产安全事故责任追究制度，依照本法和有关法律、法规的规定，追究生产安全事故责任单位和责任人员的法律责任。

**第十七条** 县级以上各级人民政府应当组织负有安全生产监督管理职责的部门依法编制安全生产权力和责任清单，公开并接受社会监督。

**第十八条** 国家鼓励和支持安全生产科学技术研究和安全生产先进技术的推广应用，提高安全生产水平。

**第十九条** 国家对在改善安全生产条件、防止生产安全事故、参加抢险救护等方面取得显著成绩的单位和个人，给予奖励。

## 第二章 生产经营单位的安全生产保障

**第二十条** 生产经营单位应当具备本法和有关法律、行政法规和国家标准或者行业标准规定的安全生产条件；不具备安全生产条件的，不得从事生产经营活动。

**第二十一条** 生产经营单位的主要负责人对本单位安全生产工作负有下列职责：

（一）建立健全并落实本单位全员安全生产责任制，加强安全生产标准化建设；

（二）组织制定并实施本单位安全生产规章制度和操作规程；

（三）组织制定并实施本单位安全生产教育和培训计划；

（四）保证本单位安全生产投入的有效实施；

（五）组织建立并落实安全风险分级管控和隐患排查治理双重预防工作机制，督促、检查本单位的安全生产工作，及时消除生产安全事故隐患；

（六）组织制定并实施本单位的生产安全事故应急救援预案；

（七）及时、如实报告生产安全事故。

**第二十二条** 生产经营单位的全员安全生产责任制应当明确各岗位的责任人员、责任范围和考核标准等内容。

生产经营单位应当建立相应的机制，加强对全员安全生产责任制落实情况的监督考核，保证全员安全生产责任制的落实。

**第二十三条**　生产经营单位应当具备的安全生产条件所必需的资金投入，由生产经营单位的决策机构、主要负责人或者个人经营的投资人予以保证，并对由于安全生产所必需的资金投入不足导致的后果承担责任。

有关生产经营单位应当按照规定提取和使用安全生产费用，专门用于改善安全生产条件。安全生产费用在成本中据实列支。安全生产费用提取、使用和监督管理的具体办法由国务院财政部门会同国务院应急管理部门征求国务院有关部门意见后制定。

**第二十四条**　矿山、金属冶炼、建筑施工、运输单位和危险物品的生产、经营、储存、装卸单位，应当设置安全生产管理机构或者配备专职安全生产管理人员。

前款规定以外的其他生产经营单位，从业人员超过一百人的，应当设置安全生产管理机构或者配备专职安全生产管理人员；从业人员在一百人以下的，应当配备专职或者兼职的安全生产管理人员。

**第二十五条**　生产经营单位的安全生产管理机构以及安全生产管理人员履行下列职责：

（一）组织或者参与拟订本单位安全生产规章制度、操作规程和生产安全事故应急救援预案；

（二）组织或者参与本单位安全生产教育和培训，如实记录安全生产教育和培训情况；

（三）组织开展危险源辨识和评估，督促落实本单位重大危险源的安全管理措施；

（四）组织或者参与本单位应急救援演练；

（五）检查本单位的安全生产状况，及时排查生产安全事故隐患，提出改进安全生产管理的建议；

（六）制止和纠正违章指挥、强令冒险作业、违反操作规程的行为；

（七）督促落实本单位安全生产整改措施。

生产经营单位可以设置专职安全生产分管负责人，协助本单位主要负责人履行安全生产管理职责。

**第二十六条** 生产经营单位的安全生产管理机构以及安全生产管理人员应当恪尽职守，依法履行职责。

生产经营单位作出涉及安全生产的经营决策，应当听取安全生产管理机构以及安全生产管理人员的意见。

生产经营单位不得因安全生产管理人员依法履行职责而降低其工资、福利等待遇或者解除与其订立的劳动合同。

危险物品的生产、储存单位以及矿山、金属冶炼单位的安全生产管理人员的任免，应当告知主管的负有安全生产监督管理职责的部门。

**第二十七条** 生产经营单位的主要负责人和安全生产管理人员必须具备与本单位所从事的生产经营活动相应的安全生产知识和管理能力。

危险物品的生产、经营、储存、装卸单位以及矿山、金属冶炼、建筑施工、运输单位的主要负责人和安全生产管理人员，应当由主管的负有安全生产监督管理职责的部门对其安全生产知识和管理能力考核合格。考核不得收费。

危险物品的生产、储存、装卸单位以及矿山、金属冶炼单位应当有注册安全工程师从事安全生产管理工作。鼓励其他生产经营单位聘用注册安全工程师从事安全生产管理工作。注册安全工程师按专业分类管理，具体办法由国务院人力资源和社会保障部门、国务院应急管理部门会同国务院有关部门制定。

**第二十八条**　生产经营单位应当对从业人员进行安全生产教育和培训，保证从业人员具备必要的安全生产知识，熟悉有关的安全生产规章制度和安全操作规程，掌握本岗位的安全操作技能，了解事故应急处理措施，知悉自身在安全生产方面的权利和义务。未经安全生产教育和培训合格的从业人员，不得上岗作业。

生产经营单位使用被派遣劳动者的，应当将被派遣劳动者纳入本单位从业人员统一管理，对被派遣劳动者进行岗位安全操作规程和安全操作技能的教育和培训。劳务派遣单位应当对被派遣劳动者进行必要的安全生产教育和培训。

生产经营单位接收中等职业学校、高等学校学生实习的，应当对实习学生进行相应的安全生产教育和培训，提供必要的劳动防护用品。学校应当协助生产经营单位对实习学生进行安全生产教育和培训。

生产经营单位应当建立安全生产教育和培训档案，如实记录安全生产教育和培训的时间、内容、参加人员以及考核结果等情况。

**第二十九条**　生产经营单位采用新工艺、新技术、新材料或者使用新设备，必须了解、掌握其安全技术特性，采取有效的安全防护措施，并对从业人员进行专门的安全生产教育和培训。

**第三十条**　生产经营单位的特种作业人员必须按照国家有关规定经专门的安全作业培训，取得相应资格，方可上岗作业。

特种作业人员的范围由国务院应急管理部门会同国务院有关部门确定。

**第三十一条**　生产经营单位新建、改建、扩建工程项目（以下统称建设项目）的安全设施，必须与主体工程同时设计、同时施工、同时投入生产和使用。安全设施投资应当纳入建设项目概算。

**第三十二条**　矿山、金属冶炼建设项目和用于生产、储存、装卸危险物品的建设项目，应当按照国家有关规定进行安全评价。

**第三十三条** 建设项目安全设施的设计人、设计单位应当对安全设施设计负责。

矿山、金属冶炼建设项目和用于生产、储存、装卸危险物品的建设项目的安全设施设计应当按照国家有关规定报经有关部门审查，审查部门及其负责审查的人员对审查结果负责。

**第三十四条** 矿山、金属冶炼建设项目和用于生产、储存、装卸危险物品的建设项目的施工单位必须按照批准的安全设施设计施工，并对安全设施的工程质量负责。

矿山、金属冶炼建设项目和用于生产、储存、装卸危险物品的建设项目竣工投入生产或者使用前，应当由建设单位负责组织对安全设施进行验收；验收合格后，方可投入生产和使用。负有安全生产监督管理职责的部门应当加强对建设单位验收活动和验收结果的监督核查。

**第三十五条** 生产经营单位应当在有较大危险因素的生产经营场所和有关设施、设备上，设置明显的安全警示标志。

**第三十六条** 安全设备的设计、制造、安装、使用、检测、维修、改造和报废，应当符合国家标准或者行业标准。

生产经营单位必须对安全设备进行经常性维护、保养，并定期检测，保证正常运转。维护、保养、检测应当作好记录，并由有关人员签字。

生产经营单位不得关闭、破坏直接关系生产安全的监控、报警、防护、救生设备、设施，或者篡改、隐瞒、销毁其相关数据、信息。

餐饮等行业的生产经营单位使用燃气的，应当安装可燃气体报警装置，并保障其正常使用。

**第三十七条** 生产经营单位使用的危险物品的容器、运输工具，以及涉及人身安全、危险性较大的海洋石油开采特种设备和矿山井下特种设备，必须按照国家有关规定，由专业生产单位生产，并经具有专业资质的检测、检验机构检测、检验合格，取得安全使用证或者安全标志，方可投入使用。检测、检验机构对检测、检验结果负责。

**第三十八条**　国家对严重危及生产安全的工艺、设备实行淘汰制度，具体目录由国务院应急管理部门会同国务院有关部门制定并公布。法律、行政法规对目录的制定另有规定的，适用其规定。

省、自治区、直辖市人民政府可以根据本地区实际情况制定并公布具体目录，对前款规定以外的危及生产安全的工艺、设备予以淘汰。

生产经营单位不得使用应当淘汰的危及生产安全的工艺、设备。

**第三十九条**　生产、经营、运输、储存、使用危险物品或者处置废弃危险物品的，由有关主管部门依照有关法律、法规的规定和国家标准或者行业标准审批并实施监督管理。

生产经营单位生产、经营、运输、储存、使用危险物品或者处置废弃危险物品，必须执行有关法律、法规和国家标准或者行业标准，建立专门的安全管理制度，采取可靠的安全措施，接受有关主管部门依法实施的监督管理。

**第四十条**　生产经营单位对重大危险源应当登记建档，进行定期检测、评估、监控，并制定应急预案，告知从业人员和相关人员在紧急情况下应当采取的应急措施。

生产经营单位应当按照国家有关规定将本单位重大危险源及有关安全措施、应急措施报有关地方人民政府应急管理部门和有关部门备案。有关地方人民政府应急管理部门和有关部门应当通过相关信息系统实现信息共享。

**第四十一条** 生产经营单位应当建立安全风险分级管控制度，按照安全风险分级采取相应的管控措施。

生产经营单位应当建立健全并落实生产安全事故隐患排查治理制度，采取技术、管理措施，及时发现并消除事故隐患。事故隐患排查治理情况应当如实记录，并通过职工大会或者职工代表大会、信息公示栏等方式向从业人员通报。其中，重大事故隐患排查治理情况应当及时向负有安全生产监督管理职责的部门和职工大会或者职工代表大会报告。

县级以上地方各级人民政府负有安全生产监督管理职责的部门应当将重大事故隐患纳入相关信息系统，建立健全重大事故隐患治理督办制度，督促生产经营单位消除重大事故隐患。

**第四十二条** 生产、经营、储存、使用危险物品的车间、商店、仓库不得与员工宿舍在同一座建筑物内，并应当与员工宿舍保持安全距离。

生产经营场所和员工宿舍应当设有符合紧急疏散要求、标志明显、保持畅通的出口、疏散通道。禁止占用、锁闭、封堵生产经营场所或者员工宿舍的出口、疏散通道。

**第四十三条** 生产经营单位进行爆破、吊装、动火、临时用电以及国务院应急管理部门会同国务院有关部门规定的其他危险作业，应当安排专门人员进行现场安全管理，确保操作规程的遵守和安全措施的落实。

**第四十四条** 生产经营单位应当教育和督促从业人员严格执行本单位的安全生产规章制度和安全操作规程；并向从业人员如实告知作业场所和工作岗位存在的危险因素、防范措施以及事故应急措施。

生产经营单位应当关注从业人员的身体、心理状况和行为习惯，加强对从业人员的心理疏导、精神慰藉，严格落实岗位安全生产责任，防范从业人员行为异常导致事故发生。

**第四十五条**　生产经营单位必须为从业人员提供符合国家标准或者行业标准的劳动防护用品，并监督、教育从业人员按照使用规则佩戴、使用。

**第四十六条**　生产经营单位的安全生产管理人员应当根据本单位的生产经营特点，对安全生产状况进行经常性检查；对检查中发现的安全问题，应当立即处理；不能处理的，应当及时报告本单位有关负责人，有关负责人应当及时处理。检查及处理情况应当如实记录在案。

生产经营单位的安全生产管理人员在检查中发现重大事故隐患，依照前款规定向本单位有关负责人报告，有关负责人不及时处理的，安全生产管理人员可以向主管的负有安全生产监督管理职责的部门报告，接到报告的部门应当依法及时处理。

**第四十七条**　生产经营单位应当安排用于配备劳动防护用品、进行安全生产培训的经费。

**第四十八条**　两个以上生产经营单位在同一作业区域内进行生产经营活动，可能危及对方生产安全的，应当签订安全生产管理协议，明确各自的安全生产管理职责和应当采取的安全措施，并指定专职安全生产管理人员进行安全检查与协调。

**第四十九条**　生产经营单位不得将生产经营项目、场所、设备发包或者出租给不具备安全生产条件或者相应资质的单位或者个人。

生产经营项目、场所发包或者出租给其他单位的，生产经营单位应当与承包单位、承租单位签订专门的安全生产管理协议，或者在承包合同、租赁合同中约定各自的安全生产管理职责；生产经营单位对承包单位、承租单位的安全生产工作统一协调、管理，定期进行安全检查，发现安全问题的，应当及时督促整改。

矿山、金属冶炼建设项目和用于生产、储存、装卸危险物品的建设项目的施工单位应当加强对施工项目的安全管理，不得倒卖、出租、出借、挂靠或者以其他形式非法转让施工资质，不得将其承包的全部建设工程转包给第三人或者将其承包的全部建设工程支解以后以分包的名义分别转包给第三人，不得将工程分包给不具备相应资质条件的单位。

**第五十条** 生产经营单位发生生产安全事故时，单位的主要负责人应当立即组织抢救，并不得在事故调查处理期间擅离职守。

**第五十一条** 生产经营单位必须依法参加工伤保险，为从业人员缴纳保险费。

国家鼓励生产经营单位投保安全生产责任保险；属于国家规定的高危行业、领域的生产经营单位，应当投保安全生产责任保险。具体范围和实施办法由国务院应急管理部门会同国务院财政部门、国务院保险监督管理机构和相关行业主管部门制定。

## 第三章　从业人员的安全生产权利义务

**第五十二条** 生产经营单位与从业人员订立的劳动合同，应当载明有关保障从业人员劳动安全、防止职业危害的事项，以及依法为从业人员办理工伤保险的事项。

生产经营单位不得以任何形式与从业人员订立协议，免除或者减轻其对从业人员因生产安全事故伤亡依法应承担的责任。

**第五十三条** 生产经营单位的从业人员有权了解其作业场所和工作岗位存在的危险因素、防范措施及事故应急措施，有权对本单位的安全生产工作提出建议。

**第五十四条** 从业人员有权对本单位安全生产工作中存在的问题提出批评、检举、控告；有权拒绝违章指挥和强令冒险作业。

生产经营单位不得因从业人员对本单位安全生产工作提出批

评、检举、控告或者拒绝违章指挥、强令冒险作业而降低其工资、福利等待遇或者解除与其订立的劳动合同。

**第五十五条**　从业人员发现直接危及人身安全的紧急情况时，有权停止作业或者在采取可能的应急措施后撤离作业场所。

生产经营单位不得因从业人员在前款紧急情况下停止作业或者采取紧急撤离措施而降低其工资、福利等待遇或者解除与其订立的劳动合同。

**第五十六条**　生产经营单位发生生产安全事故后，应当及时采取措施救治有关人员。

因生产安全事故受到损害的从业人员，除依法享有工伤保险外，依照有关民事法律尚有获得赔偿的权利的，有权提出赔偿要求。

**第五十七条**　从业人员在作业过程中，应当严格落实岗位安全责任，遵守本单位的安全生产规章制度和操作规程，服从管理，正确佩戴和使用劳动防护用品。

**第五十八条**　从业人员应当接受安全生产教育和培训，掌握本职工作所需的安全生产知识，提高安全生产技能，增强事故预防和应急处理能力。

**第五十九条**　从业人员发现事故隐患或者其他不安全因素，应当立即向现场安全生产管理人员或者本单位负责人报告；接到报告的人员应当及时予以处理。

**第六十条**　工会有权对建设项目的安全设施与主体工程同时设计、同时施工、同时投入生产和使用进行监督，提出意见。

工会对生产经营单位违反安全生产法律、法规，侵犯从业人员合法权益的行为，有权要求纠正；发现生产经营单位违章指挥、强令冒险作业或者发现事故隐患时，有权提出解决的建议，生产经营单位应当及时研究答复；发现危及从业人员生命安全的情况时，有权向生产经营单位建议组织从业人员撤离危险场所，生产经营单位必须立即作出处理。

工会有权依法参加事故调查，向有关部门提出处理意见，并要求追究有关人员的责任。

**第六十一条** 生产经营单位使用被派遣劳动者的，被派遣劳动者享有本法规定的从业人员的权利，并应当履行本法规定的从业人员的义务。

## 第四章 安全生产的监督管理

**第六十二条** 县级以上地方各级人民政府应当根据本行政区域内的安全生产状况，组织有关部门按照职责分工，对本行政区域内容易发生重大生产安全事故的生产经营单位进行严格检查。

应急管理部门应当按照分类分级监督管理的要求，制定安全生产年度监督检查计划，并按照年度监督检查计划进行监督检查，发现事故隐患，应当及时处理。

**第六十三条** 负有安全生产监督管理职责的部门依照有关法律、法规的规定，对涉及安全生产的事项需要审查批准（包括批准、核准、许可、注册、认证、颁发证照等，下同）或者验收的，必须严格依照有关法律、法规和国家标准或者行业标准规定的安全生产条件和程序进行审查；不符合有关法律、法规和国家标准或者行业标准规定的安全生产条件的，不得批准或者验收通过。对未依法取得批准或者验收合格的单位擅自从事有关活动的，负责行政审批的部门发现或者接到举报后应当立即予以取缔，并依法予以处理。对已经依法取得批准的单位，负责行政审批的部门发现其不再具备安全生产条件的，应当撤销原批准。

**第六十四条** 负有安全生产监督管理职责的部门对涉及安全生产的事项进行审查、验收，不得收取费用；不得要求接受审查、验收的单位购买其指定品牌或者指定生产、销售单位的安全设备、器材或者其他产品。

**第六十五条**　应急管理部门和其他负有安全生产监督管理职责的部门依法开展安全生产行政执法工作，对生产经营单位执行有关安全生产的法律、法规和国家标准或者行业标准的情况进行监督检查，行使以下职权：

（一）进入生产经营单位进行检查，调阅有关资料，向有关单位和人员了解情况；

（二）对检查中发现的安全生产违法行为，当场予以纠正或者要求限期改正；对依法应当给予行政处罚的行为，依照本法和其他有关法律、行政法规的规定作出行政处罚决定；

（三）对检查中发现的事故隐患，应当责令立即排除；重大事故隐患排除前或者排除过程中无法保证安全的，应当责令从危险区域内撤出作业人员，责令暂时停产停业或者停止使用相关设施、设备；重大事故隐患排除后，经审查同意，方可恢复生产经营和使用；

（四）对有根据认为不符合保障安全生产的国家标准或者行业标准的设施、设备、器材以及违法生产、储存、使用、经营、运输的危险物品予以查封或者扣押，对违法生产、储存、使用、经营危险物品的作业场所予以查封，并依法作出处理决定。

监督检查不得影响被检查单位的正常生产经营活动。

**第六十六条**　生产经营单位对负有安全生产监督管理职责的部门的监督检查人员（以下统称安全生产监督检查人员）依法履行监督检查职责，应当予以配合，不得拒绝、阻挠。

**第六十七条**　安全生产监督检查人员应当忠于职守，坚持原则，秉公执法。

安全生产监督检查人员执行监督检查任务时，必须出示有效的行政执法证件；对涉及被检查单位的技术秘密和业务秘密，应当为其保密。

**第六十八条** 安全生产监督检查人员应当将检查的时间、地点、内容、发现的问题及其处理情况，作出书面记录，并由检查人员和被检查单位的负责人签字；被检查单位的负责人拒绝签字的，检查人员应当将情况记录在案，并向负有安全生产监督管理职责的部门报告。

**第六十九条** 负有安全生产监督管理职责的部门在监督检查中，应当互相配合，实行联合检查；确需分别进行检查的，应当互通情况，发现存在的安全问题应当由其他有关部门进行处理的，应当及时移送其他有关部门并形成记录备查，接受移送的部门应当及时进行处理。

**第七十条** 负有安全生产监督管理职责的部门依法对存在重大事故隐患的生产经营单位作出停产停业、停止施工、停止使用相关设施或者设备的决定，生产经营单位应当依法执行，及时消除事故隐患。生产经营单位拒不执行，有发生生产安全事故的现实危险的，在保证安全的前提下，经本部门主要负责人批准，负有安全生产监督管理职责的部门可以采取通知有关单位停止供电、停止供应民用爆炸物品等措施，强制生产经营单位履行决定。通知应当采用书面形式，有关单位应当予以配合。

负有安全生产监督管理职责的部门依照前款规定采取停止供电措施，除有危及生产安全的紧急情形外，应当提前二十四小时通知生产经营单位。生产经营单位依法履行行政决定、采取相应措施消除事故隐患的，负有安全生产监督管理职责的部门应当及时解除前款规定的措施。

**第七十一条** 监察机关依照监察法的规定，对负有安全生产监督管理职责的部门及其工作人员履行安全生产监督管理职责实施监察。

**第七十二条**　承担安全评价、认证、检测、检验职责的机构应当具备国家规定的资质条件，并对其作出的安全评价、认证、检测、检验结果的合法性、真实性负责。资质条件由国务院应急管理部门会同国务院有关部门制定。

承担安全评价、认证、检测、检验职责的机构应当建立并实施服务公开和报告公开制度，不得租借资质、挂靠、出具虚假报告。

**第七十三条**　负有安全生产监督管理职责的部门应当建立举报制度，公开举报电话、信箱或者电子邮件地址等网络举报平台，受理有关安全生产的举报；受理的举报事项经调查核实后，应当形成书面材料；需要落实整改措施的，报经有关负责人签字并督促落实。对不属于本部门职责，需要由其他有关部门进行调查处理的，转交其他有关部门处理。

涉及人员死亡的举报事项，应当由县级以上人民政府组织核查处理。

**第七十四条**　任何单位或者个人对事故隐患或者安全生产违法行为，均有权向负有安全生产监督管理职责的部门报告或者举报。

因安全生产违法行为造成重大事故隐患或者导致重大事故，致使国家利益或者社会公共利益受到侵害的，人民检察院可以根据民事诉讼法、行政诉讼法的相关规定提起公益诉讼。

**第七十五条**　居民委员会、村民委员会发现其所在区域内的生产经营单位存在事故隐患或者安全生产违法行为时，应当向当地人民政府或者有关部门报告。

**第七十六条**　县级以上各级人民政府及其有关部门对报告重大事故隐患或者举报安全生产违法行为的有功人员，给予奖励。具体奖励办法由国务院应急管理部门会同国务院财政部门制定。

**第七十七条**　新闻、出版、广播、电影、电视等单位有进行安全生产公益宣传教育的义务，有对违反安全生产法律、法规的行为进行舆论监督的权利。

**第七十八条** 负有安全生产监督管理职责的部门应当建立安全生产违法行为信息库，如实记录生产经营单位及其有关从业人员的安全生产违法行为信息；对违法行为情节严重的生产经营单位及其有关从业人员，应当及时向社会公告，并通报行业主管部门、投资主管部门、自然资源主管部门、生态环境主管部门、证券监督管理机构以及有关金融机构。有关部门和机构应当对存在失信行为的生产经营单位及其有关从业人员采取加大执法检查频次、暂停项目审批、上调有关保险费率、行业或者职业禁入等联合惩戒措施，并向社会公示。

负有安全生产监督管理职责的部门应当加强对生产经营单位行政处罚信息的及时归集、共享、应用和公开，对生产经营单位作出处罚决定后七个工作日内在监督管理部门公示系统予以公开曝光，强化对违法失信生产经营单位及其有关从业人员的社会监督，提高全社会安全生产诚信水平。

## 第五章　生产安全事故的应急救援与调查处理

**第七十九条** 国家加强生产安全事故应急能力建设，在重点行业、领域建立应急救援基地和应急救援队伍，并由国家安全生产应急救援机构统一协调指挥；鼓励生产经营单位和其他社会力量建立应急救援队伍，配备相应的应急救援装备和物资，提高应急救援的专业化水平。

国务院应急管理部门牵头建立全国统一的生产安全事故应急救援信息系统，国务院交通运输、住房和城乡建设、水利、民航等有关部门和县级以上地方人民政府建立健全相关行业、领域、地区的生产安全事故应急救援信息系统，实现互联互通、信息共享，通过推行网上安全信息采集、安全监管和监测预警，提升监管的精准化、智能化水平。

**第八十条**　县级以上地方各级人民政府应当组织有关部门制定本行政区域内生产安全事故应急救援预案，建立应急救援体系。

乡镇人民政府和街道办事处，以及开发区、工业园区、港区、风景区等应当制定相应的生产安全事故应急救援预案，协助人民政府有关部门或者按照授权依法履行生产安全事故应急救援工作职责。

**第八十一条**　生产经营单位应当制定本单位生产安全事故应急救援预案，与所在地县级以上地方人民政府组织制定的生产安全事故应急救援预案相衔接，并定期组织演练。

**第八十二条**　危险物品的生产、经营、储存单位以及矿山、金属冶炼、城市轨道交通运营、建筑施工单位应当建立应急救援组织；生产经营规模较小的，可以不建立应急救援组织，但应当指定兼职的应急救援人员。

危险物品的生产、经营、储存、运输单位以及矿山、金属冶炼、城市轨道交通运营、建筑施工单位应当配备必要的应急救援器材、设备和物资，并进行经常性维护、保养，保证正常运转。

**第八十三条**　生产经营单位发生生产安全事故后，事故现场有关人员应当立即报告本单位负责人。

单位负责人接到事故报告后，应当迅速采取有效措施，组织抢救，防止事故扩大，减少人员伤亡和财产损失，并按照国家有关规定立即如实报告当地负有安全生产监督管理职责的部门，不得隐瞒不报、谎报或者迟报，不得故意破坏事故现场、毁灭有关证据。

**第八十四条**　负有安全生产监督管理职责的部门接到事故报告后，应当立即按照国家有关规定上报事故情况。负有安全生产监督管理职责的部门和有关地方人民政府对事故情况不得隐瞒不报、谎报或者迟报。

**第八十五条** 有关地方人民政府和负有安全生产监督管理职责的部门的负责人接到生产安全事故报告后，应当按照生产安全事故应急救援预案的要求立即赶到事故现场，组织事故抢救。

参与事故抢救的部门和单位应当服从统一指挥，加强协同联动，采取有效的应急救援措施，并根据事故救援的需要采取警戒、疏散等措施，防止事故扩大和次生灾害的发生，减少人员伤亡和财产损失。

事故抢救过程中应当采取必要措施，避免或者减少对环境造成的危害。

任何单位和个人都应当支持、配合事故抢救，并提供一切便利条件。

**第八十六条** 事故调查处理应当按照科学严谨、依法依规、实事求是、注重实效的原则，及时、准确地查清事故原因，查明事故性质和责任，评估应急处置工作，总结事故教训，提出整改措施，并对事故责任单位和人员提出处理建议。事故调查报告应当依法及时向社会公布。事故调查和处理的具体办法由国务院制定。

事故发生单位应当及时全面落实整改措施，负有安全生产监督管理职责的部门应当加强监督检查。

负责事故调查处理的国务院有关部门和地方人民政府应当在批复事故调查报告后一年内，组织有关部门对事故整改和防范措施落实情况进行评估，并及时向社会公开评估结果；对不履行职责导致事故整改和防范措施没有落实的有关单位和人员，应当按照有关规定追究责任。

**第八十七条** 生产经营单位发生生产安全事故，经调查确定为责任事故的，除了应当查明事故单位的责任并依法予以追究外，还应当查明对安全生产的有关事项负有审查批准和监督职责的行政部门的责任，对有失职、渎职行为的，依照本法第九十条的规定追究法律责任。

**第八十八条** 任何单位和个人不得阻挠和干涉对事故的依法调查处理。

**第八十九条** 县级以上地方各级人民政府应急管理部门应当定期统计分析本行政区域内发生生产安全事故的情况，并定期向社会公布。

## 第六章 法 律 责 任

**第九十条** 负有安全生产监督管理职责的部门的工作人员，有下列行为之一的，给予降级或者撤职的处分；构成犯罪的，依照刑法有关规定追究刑事责任：

（一）对不符合法定安全生产条件的涉及安全生产的事项予以批准或者验收通过的；

（二）发现未依法取得批准、验收的单位擅自从事有关活动或者接到举报后不予取缔或者不依法予以处理的；

（三）对已经依法取得批准的单位不履行监督管理职责，发现其不再具备安全生产条件而不撤销原批准或者发现安全生产违法行为不予查处的；

（四）在监督检查中发现重大事故隐患，不依法及时处理的。

负有安全生产监督管理职责的部门的工作人员有前款规定以外的滥用职权、玩忽职守、徇私舞弊行为的，依法给予处分；构成犯罪的，依照刑法有关规定追究刑事责任。

**第九十一条** 负有安全生产监督管理职责的部门，要求被审查、验收的单位购买其指定的安全设备、器材或者其他产品的，在对安全生产事项的审查、验收中收取费用的，由其上级机关或者监察机关责令改正，责令退还收取的费用；情节严重的，对直接负责的主管人员和其他直接责任人员依法给予处分。

**第九十二条** 承担安全评价、认证、检测、检验职责的机构出具失实报告的，责令停业整顿，并处三万元以上十万元以下的罚款；给他人造成损害的，依法承担赔偿责任。

承担安全评价、认证、检测、检验职责的机构租借资质、挂靠、出具虚假报告的，没收违法所得；违法所得在十万元以上的，并处违法所得二倍以上五倍以下的罚款，没有违法所得或者违法所得不足十万元的，单处或者并处十万元以上二十万元以下的罚款；对其直接负责的主管人员和其他直接责任人员处五万元以上十万元以下的罚款；给他人造成损害的，与生产经营单位承担连带赔偿责任；构成犯罪的，依照刑法有关规定追究刑事责任。

对有前款违法行为的机构及其直接责任人员，吊销其相应资质和资格，五年内不得从事安全评价、认证、检测、检验等工作；情节严重的，实行终身行业和职业禁入。

**第九十三条** 生产经营单位的决策机构、主要负责人或者个人经营的投资人不依照本法规定保证安全生产所必需的资金投入，致使生产经营单位不具备安全生产条件的，责令限期改正，提供必需的资金；逾期未改正的，责令生产经营单位停产停业整顿。

有前款违法行为，导致发生生产安全事故的，对生产经营单位的主要负责人给予撤职处分，对个人经营的投资人处二万元以上二十万元以下的罚款；构成犯罪的，依照刑法有关规定追究刑事责任。

**第九十四条** 生产经营单位的主要负责人未履行本法规定的安全生产管理职责的，责令限期改正，处二万元以上五万元以下的罚款；逾期未改正的，处五万元以上十万元以下的罚款，责令生产经营单位停产停业整顿。

生产经营单位的主要负责人有前款违法行为，导致发生生产安全事故的，给予撤职处分；构成犯罪的，依照刑法有关规定追究刑事责任。

生产经营单位的主要负责人依照前款规定受刑事处罚或者撤职处分的，自刑罚执行完毕或者受处分之日起，五年内不得担任任何生产经营单位的主要负责人；对重大、特别重大生产安全事故负有责任的，终身不得担任本行业生产经营单位的主要负责人。

**第九十五条**　生产经营单位的主要负责人未履行本法规定的安全生产管理职责，导致发生生产安全事故的，由应急管理部门依照下列规定处以罚款：

（一）发生一般事故的，处上一年年收入百分之四十的罚款；

（二）发生较大事故的，处上一年年收入百分之六十的罚款；

（三）发生重大事故的，处上一年年收入百分之八十的罚款；

（四）发生特别重大事故的，处上一年年收入百分之一百的罚款。

**第九十六条**　生产经营单位的其他负责人和安全生产管理人员未履行本法规定的安全生产管理职责的，责令限期改正，处一万元以上三万元以下的罚款；导致发生生产安全事故的，暂停或者吊销其与安全生产有关的资格，并处上一年年收入百分之二十以上百分之五十以下的罚款；构成犯罪的，依照刑法有关规定追究刑事责任。

**第九十七条**　生产经营单位有下列行为之一的，责令限期改正，处十万元以下的罚款；逾期未改正的，责令停产停业整顿，并处十万元以上二十万元以下的罚款，对其直接负责的主管人员和其他直接责任人员处二万元以上五万元以下的罚款：

（一）未按照规定设置安全生产管理机构或者配备安全生产管理人员、注册安全工程师的；

（二）危险物品的生产、经营、储存、装卸单位以及矿山、金属冶炼、建筑施工、运输单位的主要负责人和安全生产管理人员未按照规定经考核合格的；

（三）未按照规定对从业人员、被派遣劳动者、实习学生进行安全生产教育和培训，或者未按照规定如实告知有关的安全生产事项的；

（四）未如实记录安全生产教育和培训情况的；

（五）未将事故隐患排查治理情况如实记录或者未向从业人员通报的；

（六）未按照规定制定生产安全事故应急救援预案或者未定期组织演练的；

（七）特种作业人员未按照规定经专门的安全作业培训并取得相应资格，上岗作业的。

**第九十八条** 生产经营单位有下列行为之一的，责令停止建设或者停产停业整顿，限期改正，并处十万元以上五十万元以下的罚款，对其直接负责的主管人员和其他直接责任人员处二万元以上五万元以下的罚款；逾期未改正的，处五十万元以上一百万元以下的罚款，对其直接负责的主管人员和其他直接责任人员处五万元以上十万元以下的罚款；构成犯罪的，依照刑法有关规定追究刑事责任：

（一）未按照规定对矿山、金属冶炼建设项目或者用于生产、储存、装卸危险物品的建设项目进行安全评价的；

（二）矿山、金属冶炼建设项目或者用于生产、储存、装卸危险物品的建设项目没有安全设施设计或者安全设施设计未按照规定报经有关部门审查同意的；

（三）矿山、金属冶炼建设项目或者用于生产、储存、装卸危险物品的建设项目的施工单位未按照批准的安全设施设计施工的；

（四）矿山、金属冶炼建设项目或者用于生产、储存、装卸危险物品的建设项目竣工投入生产或者使用前，安全设施未经验收合格的。

**第九十九条**　生产经营单位有下列行为之一的，责令限期改正，处五万元以下的罚款；逾期未改正的，处五万元以上二十万元以下的罚款，对其直接负责的主管人员和其他直接责任人员处一万元以上二万元以下的罚款；情节严重的，责令停产停业整顿；构成犯罪的，依照刑法有关规定追究刑事责任：

（一）未在有较大危险因素的生产经营场所和有关设施、设备上设置明显的安全警示标志的；

（二）安全设备的安装、使用、检测、改造和报废不符合国家标准或者行业标准的；

（三）未对安全设备进行经常性维护、保养和定期检测的；

（四）关闭、破坏直接关系生产安全的监控、报警、防护、救生设备、设施，或者篡改、隐瞒、销毁其相关数据、信息的；

（五）未为从业人员提供符合国家标准或者行业标准的劳动防护用品的；

（六）危险物品的容器、运输工具，以及涉及人身安全、危险性较大的海洋石油开采特种设备和矿山井下特种设备未经具有专业资质的机构检测、检验合格，取得安全使用证或者安全标志，投入使用的；

（七）使用应当淘汰的危及生产安全的工艺、设备的；

（八）餐饮等行业的生产经营单位使用燃气未安装可燃气体报警装置的。

**第一百条**　未经依法批准，擅自生产、经营、运输、储存、使用危险物品或者处置废弃危险物品的，依照有关危险物品安全管理的法律、行政法规的规定予以处罚；构成犯罪的，依照刑法有关规定追究刑事责任。

**第一百零一条** 生产经营单位有下列行为之一的，责令限期改正，处十万元以下的罚款；逾期未改正的，责令停产停业整顿，并处十万元以上二十万元以下的罚款，对其直接负责的主管人员和其他直接责任人员处二万元以上五万元以下的罚款；构成犯罪的，依照刑法有关规定追究刑事责任：

（一）生产、经营、运输、储存、使用危险物品或者处置废弃危险物品，未建立专门安全管理制度、未采取可靠的安全措施的；

（二）对重大危险源未登记建档，未进行定期检测、评估、监控，未制定应急预案，或者未告知应急措施的；

（三）进行爆破、吊装、动火、临时用电以及国务院应急管理部门会同国务院有关部门规定的其他危险作业，未安排专门人员进行现场安全管理的；

（四）未建立安全风险分级管控制度或者未按照安全风险分级采取相应管控措施的；

（五）未建立事故隐患排查治理制度，或者重大事故隐患排查治理情况未按照规定报告的。

**第一百零二条** 生产经营单位未采取措施消除事故隐患的，责令立即消除或者限期消除，处五万元以下的罚款；生产经营单位拒不执行的，责令停产停业整顿，对其直接负责的主管人员和其他直接责任人员处五万元以上十万元以下的罚款；构成犯罪的，依照刑法有关规定追究刑事责任。

**第一百零三条** 生产经营单位将生产经营项目、场所、设备发包或者出租给不具备安全生产条件或者相应资质的单位或者个人的，责令限期改正，没收违法所得；违法所得十万元以上的，并处违法所得二倍以上五倍以下的罚款；没有违法所得或者违法所得不足十万元的，单处或者并处十万元以上二十万元以下的罚款；对其直接负责的主管人员和其他直接责任人员处一万元以上二万元以下的罚款；导致发生生产安全事故给他人造成损害的，与承包方、承租方承担连带赔偿责任。

生产经营单位未与承包单位、承租单位签订专门的安全生产管理协议或者未在承包合同、租赁合同中明确各自的安全生产管理职责，或者未对承包单位、承租单位的安全生产统一协调、管理的，责令限期改正，处五万元以下的罚款，对其直接负责的主管人员和其他直接责任人员处一万元以下的罚款；逾期未改正的，责令停产停业整顿。

矿山、金属冶炼建设项目和用于生产、储存、装卸危险物品的建设项目的施工单位未按照规定对施工项目进行安全管理的，责令限期改正，处十万元以下的罚款，对其直接负责的主管人员和其他直接责任人员处二万元以下的罚款；逾期未改正的，责令停产停业整顿。以上施工单位倒卖、出租、出借、挂靠或者以其他形式非法转让施工资质的，责令停产停业整顿，吊销资质证书，没收违法所得；违法所得十万元以上的，并处违法所得二倍以上五倍以下的罚款，没有违法所得或者违法所得不足十万元的，单处或者并处十万元以上二十万元以下的罚款；对其直接负责的主管人员和其他直接责任人员处五万元以上十万元以下的罚款；构成犯罪的，依照刑法有关规定追究刑事责任。

**第一百零四条**　两个以上生产经营单位在同一作业区域内进行可能危及对方安全生产的生产经营活动，未签订安全生产管理协议或者未指定专职安全生产管理人员进行安全检查与协调的，责令限期改正，处五万元以下的罚款，对其直接负责的主管人员和其他直接责任人员处一万元以下的罚款；逾期未改正的，责令停产停业。

**第一百零五条**　生产经营单位有下列行为之一的，责令限期改正，处五万元以下的罚款，对其直接负责的主管人员和其他直接责任人员处一万元以下的罚款；逾期未改正的，责令停产停业整顿；

构成犯罪的，依照刑法有关规定追究刑事责任：

（一）生产、经营、储存、使用危险物品的车间、商店、仓库与员工宿舍在同一座建筑内，或者与员工宿舍的距离不符合安全要求的；

（二）生产经营场所和员工宿舍未设有符合紧急疏散需要、标志明显、保持畅通的出口、疏散通道，或者占用、锁闭、封堵生产经营场所或者员工宿舍出口、疏散通道的。

**第一百零六条** 生产经营单位与从业人员订立协议，免除或者减轻其对从业人员因生产安全事故伤亡依法应承担的责任的，该协议无效；对生产经营单位的主要负责人、个人经营的投资人处二万元以上十万元以下的罚款。

**第一百零七条** 生产经营单位的从业人员不落实岗位安全责任，不服从管理，违反安全生产规章制度或者操作规程的，由生产经营单位给予批评教育，依照有关规章制度给予处分；构成犯罪的，依照刑法有关规定追究刑事责任。

**第一百零八条** 违反本法规定，生产经营单位拒绝、阻碍负有安全生产监督管理职责的部门依法实施监督检查的，责令改正；拒不改正的，处二万元以上二十万元以下的罚款；对其直接负责的主管人员和其他直接责任人员处一万元以上二万元以下的罚款；构成犯罪的，依照刑法有关规定追究刑事责任。

**第一百零九条** 高危行业、领域的生产经营单位未按照国家规定投保安全生产责任保险的，责令限期改正，处五万元以上十万元以下的罚款；逾期未改正的，处十万元以上二十万元以下的罚款。

**第一百一十条** 生产经营单位的主要负责人在本单位发生生产安全事故时，不立即组织抢救或者在事故调查处理期间擅离职守或者逃匿的，给予降级、撤职的处分，并由应急管理部门处上一年年收入百分之六十至百分之一百的罚款；对逃匿的处十五日以下拘留；构成犯罪的，依照刑法有关规定追究刑事责任。

生产经营单位的主要负责人对生产安全事故隐瞒不报、谎报或者迟报的，依照前款规定处罚。

**第一百一十一条**　有关地方人民政府、负有安全生产监督管理职责的部门，对生产安全事故隐瞒不报、谎报或者迟报的，对直接负责的主管人员和其他直接责任人员依法给予处分；构成犯罪的，依照刑法有关规定追究刑事责任。

**第一百一十二条**　生产经营单位违反本法规定，被责令改正且受到罚款处罚，拒不改正的，负有安全生产监督管理职责的部门可以自作出责令改正之日的次日起，按照原处罚数额按日连续处罚。

**第一百一十三条**　生产经营单位存在下列情形之一的，负有安全生产监督管理职责的部门应当提请地方人民政府予以关闭，有关部门应当依法吊销其有关证照。生产经营单位主要负责人五年内不得担任任何生产经营单位的主要负责人；情节严重的，终身不得担任本行业生产经营单位的主要负责人：

（一）存在重大事故隐患，一百八十日内三次或者一年内四次受到本法规定的行政处罚的；

（二）经停产停业整顿，仍不具备法律、行政法规和国家标准或者行业标准规定的安全生产条件的；

（三）不具备法律、行政法规和国家标准或者行业标准规定的安全生产条件，导致发生重大、特别重大生产安全事故的；

（四）拒不执行负有安全生产监督管理职责的部门作出的停产停业整顿决定的。

**第一百一十四条**　发生生产安全事故，对负有责任的生产经营单位除要求其依法承担相应的赔偿等责任外，由应急管理部门依照下列规定处以罚款：

（一）发生一般事故的，处三十万元以上一百万元以下的罚款；

（二）发生较大事故的，处一百万元以上二百万元以下的罚款；

（三）发生重大事故的，处二百万元以上一千万元以下的罚款；

（四）发生特别重大事故的，处一千万元以上二千万元以下的罚款。

发生生产安全事故，情节特别严重、影响特别恶劣的，应急管理部门可以按照前款罚款数额的二倍以上五倍以下对负有责任的生产经营单位处以罚款。

**第一百一十五条** 本法规定的行政处罚，由应急管理部门和其他负有安全生产监督管理职责的部门按照职责分工决定；其中，根据本法第九十五条、第一百一十条、第一百一十四条的规定应当给予民航、铁路、电力行业的生产经营单位及其主要负责人行政处罚的，也可以由主管的负有安全生产监督管理职责的部门进行处罚。予以关闭的行政处罚，由负有安全生产监督管理职责的部门报请县级以上人民政府按照国务院规定的权限决定；给予拘留的行政处罚，由公安机关依照治安管理处罚的规定决定。

**第一百一十六条** 生产经营单位发生生产安全事故造成人员伤亡、他人财产损失的，应当依法承担赔偿责任；拒不承担或者其负责人逃匿的，由人民法院依法强制执行。

生产安全事故的责任人未依法承担赔偿责任，经人民法院依法采取执行措施后，仍不能对受害人给予足额赔偿的，应当继续履行赔偿义务；受害人发现责任人有其他财产的，可以随时请求人民法院执行。

## 第七章　附　　则

**第一百一十七条**　本法下列用语的含义：

危险物品，是指易燃易爆物品、危险化学品、放射性物品等能够危及人身安全和财产安全的物品。

重大危险源，是指长期地或者临时地生产、搬运、使用或者储存危险物品，且危险物品的数量等于或者超过临界量的单元（包括场所和设施）。

**第一百一十八条**　本法规定的生产安全一般事故、较大事故、重大事故、特别重大事故的划分标准由国务院规定。

国务院应急管理部门和其他负有安全生产监督管理职责的部门应当根据各自的职责分工，制定相关行业、领域重大危险源的辨识标准和重大事故隐患的判定标准。

**第一百一十九条**　本法自2002年11月1日起施行。

## 附录 3

# 安全生产许可证条例

（2004 年 1 月 13 日中华人民共和国国务院令第 397 号公布　根据2013 年 7 月 18 日《国务院关于废止和修改部分行政法规的决定》第一次修订　根据2014 年 7 月 29 日《国务院关于修改部分行政法规的决定》第二次修订）

**第一条**　为了严格规范安全生产条件，进一步加强安全生产监督管理，防止和减少生产安全事故，根据《中华人民共和国安全生产法》的有关规定，制定本条例。

**第二条**　国家对矿山企业、建筑施工企业和危险化学品、烟花爆竹、民用爆炸物品生产企业（以下统称企业）实行安全生产许可制度。

企业未取得安全生产许可证的，不得从事生产活动。

**第三条**　国务院安全生产监督管理部门负责中央管理的非煤矿矿山企业和危险化学品、烟花爆竹生产企业安全生产许可证的颁发和管理。

省、自治区、直辖市人民政府安全生产监督管理部门负责前款规定以外的非煤矿矿山企业和危险化学品、烟花爆竹生产企业安全生产许可证的颁发和管理，并接受国务院安全生产监督管理部门的指导和监督。

国家煤矿安全监察机构负责中央管理的煤矿企业安全生产许可证的颁发和管理。

在省、自治区、直辖市设立的煤矿安全监察机构负责前款规定以外的其他煤矿企业安全生产许可证的颁发和管理，并接受国家煤矿安全监察机构的指导和监督。

**第四条** 省、自治区、直辖市人民政府建设主管部门负责建筑施工企业安全生产许可证的颁发和管理，并接受国务院建设主管部门的指导和监督。

**第五条** 省、自治区、直辖市人民政府民用爆炸物品行业主管部门负责民用爆炸物品生产企业安全生产许可证的颁发和管理，并接受国务院民用爆炸物品行业主管部门的指导和监督。

**第六条** 企业取得安全生产许可证，应当具备下列安全生产条件：

（一）建立、健全安全生产责任制，制定完备的安全生产规章制度和操作规程；

（二）安全投入符合安全生产要求；

（三）设置安全生产管理机构，配备专职安全生产管理人员；

（四）主要负责人和安全生产管理人员经考核合格；

（五）特种作业人员经有关业务主管部门考核合格，取得特种作业操作资格证书；

（六）从业人员经安全生产教育和培训合格；

（七）依法参加工伤保险，为从业人员缴纳保险费；

（八）厂房、作业场所和安全设施、设备、工艺符合有关安全生产法律、法规、标准和规程的要求；

（九）有职业危害防治措施，并为从业人员配备符合国家标准或者行业标准的劳动防护用品；

（十）依法进行安全评价；

（十一）有重大危险源检测、评估、监控措施和应急预案；

（十二）有生产安全事故应急救援预案、应急救援组织或者应急救援人员，配备必要的应急救援器材、设备；

（十三）法律、法规规定的其他条件。

**第七条** 企业进行生产前，应当依照本条例的规定向安全生产许可证颁发管理机关申请领取安全生产许可证，并提供本条例第六条规定的相关文件、资料。安全生产许可证颁发管理机关应当自收到申请之日起 45 日内审查完毕，经审查符合本条例规定的安全生产条件的，颁发安全生产许可证；不符合本条例规定的安全生产条件的，不予颁发安全生产许可证，书面通知企业并说明理由。

煤矿企业应当以矿（井）为单位，依照本条例的规定取得安全生产许可证。

**第八条** 安全生产许可证由国务院安全生产监督管理部门规定统一的式样。

**第九条** 安全生产许可证的有效期为 3 年。安全生产许可证有效期满需要延期的，企业应当于期满前 3 个月向原安全生产许可证颁发管理机关办理延期手续。

企业在安全生产许可证有效期内，严格遵守有关安全生产的法律法规，未发生死亡事故的，安全生产许可证有效期届满时，经原安全生产许可证颁发管理机关同意，不再审查，安全生产许可证有效期延期 3 年。

**第十条** 安全生产许可证颁发管理机关应当建立、健全安全生产许可证档案管理制度，并定期向社会公布企业取得安全生产许可证的情况。

**第十一条** 煤矿企业安全生产许可证颁发管理机关、建筑施工企业安全生产许可证颁发管理机关、民用爆炸物品生产企业安全生产许可证颁发管理机关，应当每年向同级安全生产监督管理部门通报其安全生产许可证颁发和管理情况。

**第十二条** 国务院安全生产监督管理部门和省、自治区、直辖市人民政府安全生产监督管理部门对建筑施工企业、民用爆炸物品生产企业、煤矿企业取得安全生产许可证的情况进行监督。

**第十三条** 企业不得转让、冒用安全生产许可证或者使用伪造的安全生产许可证。

**第十四条** 企业取得安全生产许可证后，不得降低安全生产条件，并应当加强日常安全生产管理，接受安全生产许可证颁发管理机关的监督检查。

安全生产许可证颁发管理机关应当加强对取得安全生产许可证的企业的监督检查，发现其不再具备本条例规定的安全生产条件的，应当暂扣或者吊销安全生产许可证。

**第十五条** 安全生产许可证颁发管理机关工作人员在安全生产许可证颁发、管理和监督检查工作中，不得索取或者接受企业的财物，不得谋取其他利益。

**第十六条** 监察机关依照《中华人民共和国行政监察法》的规定，对安全生产许可证颁发管理机关及其工作人员履行本条例规定的职责实施监察。

**第十七条** 任何单位或者个人对违反本条例规定的行为，有权向安全生产许可证颁发管理机关或者监察机关等有关部门举报。

**第十八条** 安全生产许可证颁发管理机关工作人员有下列行为之一的，给予降级或者撤职的行政处分；构成犯罪的，依法追究刑事责任：

（一）向不符合本条例规定的安全生产条件的企业颁发安全生产许可证的；

（二）发现企业未依法取得安全生产许可证擅自从事生产活动，不依法处理的；

（三）发现取得安全生产许可证的企业不再具备本条例规定的安全生产条件，不依法处理的；

（四）接到对违反本条例规定行为的举报后，不及时处理的；

（五）在安全生产许可证颁发、管理和监督检查工作中，索取或者接受企业的财物，或者谋取其他利益的。

**第十九条** 违反本条例规定，未取得安全生产许可证擅自进行生产的，责令停止生产，没收违法所得，并处10万元以上50万元以下的罚款；造成重大事故或者其他严重后果，构成犯罪的，依法追究刑事责任。

**第二十条** 违反本条例规定，安全生产许可证有效期满未办理延期手续，继续进行生产的，责令停止生产，限期补办延期手续，没收违法所得，并处5万元以上10万元以下的罚款；逾期仍不办理延期手续，继续进行生产的，依照本条例第十九条的规定处罚。

**第二十一条** 违反本条例规定，转让安全生产许可证的，没收违法所得，处10万元以上50万元以下的罚款，并吊销其安全生产许可证；构成犯罪的，依法追究刑事责任；接受转让的，依照本条例第十九条的规定处罚。

冒用安全生产许可证或者使用伪造的安全生产许可证的，依照本条例第十九条的规定处罚。

**第二十二条** 本条例施行前已经进行生产的企业，应当自本条例施行之日起1年内，依照本条例的规定向安全生产许可证颁发管理机关申请办理安全生产许可证；逾期不办理安全生产许可证，或者经审查不符合本条例规定的安全生产条件，未取得安全生产许可证，继续进行生产的，依照本条例第十九条的规定处罚。

**第二十三条** 本条例规定的行政处罚，由安全生产许可证颁发管理机关决定。

**第二十四条** 本条例自公布之日起施行。

# 附录 4

# 生产安全事故报告和调查处理条例

（2007 年 4 月 9 日中华人民共和国国务院令第 493 号公布）

## 第一章　总　　则

**第一条**　为了规范生产安全事故的报告和调查处理，落实生产安全事故责任追究制度，防止和减少生产安全事故，根据《中华人民共和国安全生产法》和有关法律，制定本条例。

**第二条**　生产经营活动中发生的造成人身伤亡或者直接经济损失的生产安全事故的报告和调查处理，适用本条例；环境污染事故、核设施事故、国防科研生产事故的报告和调查处理不适用本条例。

**第三条**　根据生产安全事故（以下简称事故）造成的人员伤亡或者直接经济损失，事故一般分为以下等级：

（一）特别重大事故，是指造成 30 人以上死亡，或者 100 人以上重伤（包括急性工业中毒，下同），或者 1 亿元以上直接经济损失的事故；

（二）重大事故，是指造成 10 人以上 30 人以下死亡，或者 50 人以上 100 人以下重伤，或者 5000 万元以上 1 亿元以下直接经济损失的事故；

（三）较大事故，是指造成 3 人以上 10 人以下死亡，或者 10 人以上 50 人以下重伤，或者 1000 万元以上 5000 万元以下直接经济损失的事故；

（四）一般事故，是指造成 3 人以下死亡，或者 10 人以下重伤，或者 1000 万元以下直接经济损失的事故。

国务院安全生产监督管理部门可以会同国务院有关部门，制定事故等级划分的补充性规定。

本条第一款所称的“以上”包括本数，所称的“以下”不包括本数。

**第四条** 事故报告应当及时、准确、完整，任何单位和个人对事故不得迟报、漏报、谎报或者瞒报。

事故调查处理应当坚持实事求是、尊重科学的原则，及时、准确地查清事故经过、事故原因和事故损失，查明事故性质，认定事故责任，总结事故教训，提出整改措施，并对事故责任者依法追究责任。

**第五条** 县级以上人民政府应当依照本条例的规定，严格履行职责，及时、准确地完成事故调查处理工作。

事故发生地有关地方人民政府应当支持、配合上级人民政府或者有关部门的事故调查处理工作，并提供必要的便利条件。

参加事故调查处理的部门和单位应当互相配合，提高事故调查处理工作的效率。

**第六条** 工会依法参加事故调查处理，有权向有关部门提出处理意见。

**第七条** 任何单位和个人不得阻挠和干涉对事故的报告和依法调查处理。

**第八条** 对事故报告和调查处理中的违法行为，任何单位和个人有权向安全生产监督管理部门、监察机关或者其他有关部门举报，接到举报的部门应当依法及时处理。

## 第二章　事　故　报　告

**第九条** 事故发生后，事故现场有关人员应当立即向本单位负责人报告；单位负责人接到报告后，应当于1小时内向事故发生地县级以上人民政府安全生产监督管理部门和负有安全生产监督管理职责的有关部门报告。

情况紧急时，事故现场有关人员可以直接向事故发生地县级以上人民政府安全生产监督管理部门和负有安全生产监督管理职责的有关部门报告。

**第十条** 安全生产监督管理部门和负有安全生产监督管理职责的有关部门接到事故报告后，应当依照下列规定上报事故情况，并通知公安机关、劳动保障行政部门、工会和人民检察院：

（一）特别重大事故、重大事故逐级上报至国务院安全生产监督管理部门和负有安全生产监督管理职责的有关部门；

（二）较大事故逐级上报至省、自治区、直辖市人民政府安全生产监督管理部门和负有安全生产监督管理职责的有关部门；

（三）一般事故上报至设区的市级人民政府安全生产监督管理部门和负有安全生产监督管理职责的有关部门。

安全生产监督管理部门和负有安全生产监督管理职责的有关部门依照前款规定上报事故情况，应当同时报告本级人民政府。国务院安全生产监督管理部门和负有安全生产监督管理职责的有关部门以及省级人民政府接到发生特别重大事故、重大事故的报告后，应当立即报告国务院。

必要时，安全生产监督管理部门和负有安全生产监督管理职责的有关部门可以越级上报事故情况。

**第十一条** 安全生产监督管理部门和负有安全生产监督管理职责的有关部门逐级上报事故情况，每级上报的时间不得超过2小时。

**第十二条** 报告事故应当包括下列内容：

（一）事故发生单位概况；

（二）事故发生的时间、地点以及事故现场情况；

（三）事故的简要经过；

（四）事故已经造成或者可能造成的伤亡人数（包括下落不明的人数）和初步估计的直接经济损失；

（五）已经采取的措施；

（六）其他应当报告的情况。

**第十三条** 事故报告后出现新情况的，应当及时补报。

自事故发生之日起30日内，事故造成的伤亡人数发生变化的，应当及时补报。道路交通事故、火灾事故自发生之日起7日内，事故造成的伤亡人数发生变化的，应当及时补报。

**第十四条** 事故发生单位负责人接到事故报告后，应当立即启动事故相应应急预案，或者采取有效措施，组织抢救，防止事故扩大，减少人员伤亡和财产损失。

**第十五条** 事故发生地有关地方人民政府、安全生产监督管理部门和负有安全生产监督管理职责的有关部门接到事故报告后，其负责人应当立即赶赴事故现场，组织事故救援。

**第十六条** 事故发生后，有关单位和人员应当妥善保护事故现场以及相关证据，任何单位和个人不得破坏事故现场、毁灭相关证据。

因抢救人员、防止事故扩大以及疏通交通等原因，需要移动事故现场物件的，应当做出标志，绘制现场简图并做出书面记录，妥善保存现场重要痕迹、物证。

**第十七条** 事故发生地公安机关根据事故的情况，对涉嫌犯罪的，应当依法立案侦查，采取强制措施和侦查措施。犯罪嫌疑人逃匿的，公安机关应当迅速追捕归案。

**第十八条** 安全生产监督管理部门和负有安全生产监督管理职责的有关部门应当建立值班制度，并向社会公布值班电话，受理事故报告和举报。

## 第三章 事 故 调 查

**第十九条** 特别重大事故由国务院或者国务院授权有关部门组织事故调查组进行调查。

重大事故、较大事故、一般事故分别由事故发生地省级人民政府、设区的市级人民政府、县级人民政府负责调查。省级人民政府、设区的市级人民政府、县级人民政府可以直接组织事故调查组进行调查，也可以授权或者委托有关部门组织事故调查组进行调查。

未造成人员伤亡的一般事故，县级人民政府也可以委托事故发生单位组织事故调查组进行调查。

**第二十条** 上级人民政府认为必要时，可以调查由下级人民政府负责调查的事故。

自事故发生之日起30日内（道路交通事故、火灾事故自发生之日起7日内），因事故伤亡人数变化导致事故等级发生变化，依照本条例规定应当由上级人民政府负责调查的，上级人民政府可以另行组织事故调查组进行调查。

**第二十一条** 特别重大事故以下等级事故，事故发生地与事故发生单位不在同一个县级以上行政区域的，由事故发生地人民政府负责调查，事故发生单位所在地人民政府应当派人参加。

**第二十二条** 事故调查组的组成应当遵循精简、效能的原则。

根据事故的具体情况，事故调查组由有关人民政府、安全生产监督管理部门、负有安全生产监督管理职责的有关部门、监察机关、公安机关以及工会派人组成，并应当邀请人民检察院派人参加。

事故调查组可以聘请有关专家参与调查。

**第二十三条** 事故调查组成员应当具有事故调查所需要的知识和专长，并与所调查的事故没有直接利害关系。

**第二十四条** 事故调查组组长由负责事故调查的人民政府指定。事故调查组组长主持事故调查组的工作。

**第二十五条** 事故调查组履行下列职责：

（一）查明事故发生的经过、原因、人员伤亡情况及直接经济损失；

（二）认定事故的性质和事故责任；

（三）提出对事故责任者的处理建议；

（四）总结事故教训，提出防范和整改措施；

（五）提交事故调查报告。

**第二十六条** 事故调查组有权向有关单位和个人了解与事故有关的情况，并要求其提供相关文件、资料，有关单位和个人不得拒绝。

事故发生单位的负责人和有关人员在事故调查期间不得擅离职守，并应当随时接受事故调查组的询问，如实提供有关情况。

事故调查中发现涉嫌犯罪的，事故调查组应当及时将有关材料或者其复印件移交司法机关处理。

**第二十七条** 事故调查中需要进行技术鉴定的，事故调查组应当委托具有国家规定资质的单位进行技术鉴定。必要时，事故调查组可以直接组织专家进行技术鉴定。技术鉴定所需时间不计入事故调查期限。

**第二十八条** 事故调查组成员在事故调查工作中应当诚信公正、恪尽职守，遵守事故调查组的纪律，保守事故调查的秘密。

未经事故调查组组长允许，事故调查组成员不得擅自发布有关事故的信息。

**第二十九条** 事故调查组应当自事故发生之日起 60 日内提交

事故调查报告；特殊情况下，经负责事故调查的人民政府批准，提交事故调查报告的期限可以适当延长，但延长的期限最长不超过60日。

**第三十条**　事故调查报告应当包括下列内容：

（一）事故发生单位概况；

（二）事故发生经过和事故救援情况；

（三）事故造成的人员伤亡和直接经济损失；

（四）事故发生的原因和事故性质；

（五）事故责任的认定以及对事故责任者的处理建议；

（六）事故防范和整改措施。

事故调查报告应当附具有关证据材料。事故调查组成员应当在事故调查报告上签名。

**第三十一条**　事故调查报告报送负责事故调查的人民政府后，事故调查工作即告结束。事故调查的有关资料应当归档保存。

## 第四章　事　故　处　理

**第三十二条**　重大事故、较大事故、一般事故，负责事故调查的人民政府应当自收到事故调查报告之日起15日内做出批复；特别重大事故，30日内做出批复，特殊情况下，批复时间可以适当延长，但延长的时间最长不超过30日。

有关机关应当按照人民政府的批复，依照法律、行政法规规定的权限和程序，对事故发生单位和有关人员进行行政处罚，对负有事故责任的国家工作人员进行处分。

事故发生单位应当按照负责事故调查的人民政府的批复，对本单位负有事故责任的人员进行处理。

负有事故责任的人员涉嫌犯罪的，依法追究刑事责任。

**第三十三条**　事故发生单位应当认真吸取事故教训，落实防范和整改措施，防止事故再次发生。防范和整改措施的落实情况应当接受工会和职工的监督。

安全生产监督管理部门和负有安全生产监督管理职责的有关部门应当对事故发生单位落实防范和整改措施的情况进行监督检查。

**第三十四条** 事故处理的情况由负责事故调查的人民政府或者其授权的有关部门、机构向社会公布，依法应当保密的除外。

## 第五章 法 律 责 任

**第三十五条** 事故发生单位主要负责人有下列行为之一的，处上一年年收入 40% 至 80% 的罚款；属于国家工作人员的，并依法给予处分；构成犯罪的，依法追究刑事责任：

（一）不立即组织事故抢救的；

（二）迟报或者漏报事故的；

（三）在事故调查处理期间擅离职守的。

**第三十六条** 事故发生单位及其有关人员有下列行为之一的，对事故发生单位处 100 万元以上 500 万元以下的罚款；对主要负责人、直接负责的主管人员和其他直接责任人员处上一年年收入 60% 至 100% 的罚款；属于国家工作人员的，并依法给予处分；构成违反治安管理行为的，由公安机关依法给予治安管理处罚；构成犯罪的，依法追究刑事责任：

（一）谎报或者瞒报事故的；

（二）伪造或者故意破坏事故现场的；

（三）转移、隐匿资金、财产，或者销毁有关证据、资料的；

（四）拒绝接受调查或者拒绝提供有关情况和资料的；

（五）在事故调查中作伪证或者指使他人作伪证的；

（六）事故发生后逃匿的。

**第三十七条** 事故发生单位对事故发生负有责任的，依照下列规定处以罚款：

（一）发生一般事故的，处10万元以上20万元以下的罚款；

（二）发生较大事故的，处20万元以上50万元以下的罚款；

（三）发生重大事故的，处50万元以上200万元以下的罚款；

（四）发生特别重大事故的，处200万元以上500万元以下的罚款。

**第三十八条**　事故发生单位主要负责人未依法履行安全生产管理职责，导致事故发生的，依照下列规定处以罚款；属于国家工作人员的，并依法给予处分；构成犯罪的，依法追究刑事责任：

（一）发生一般事故的，处上一年年收入30%的罚款；

（二）发生较大事故的，处上一年年收入40%的罚款；

（三）发生重大事故的，处上一年年收入60%的罚款；

（四）发生特别重大事故的，处上一年年收入80%的罚款。

**第三十九条**　有关地方人民政府、安全生产监督管理部门和负有安全生产监督管理职责的有关部门有下列行为之一的，对直接负责的主管人员和其他直接责任人员依法给予处分；构成犯罪的，依法追究刑事责任：

（一）不立即组织事故抢救的；

（二）迟报、漏报、谎报或者瞒报事故的；

（三）阻碍、干涉事故调查工作的；

（四）在事故调查中作伪证或者指使他人作伪证的。

**第四十条**　事故发生单位对事故发生负有责任的，由有关部门依法暂扣或者吊销其有关证照；对事故发生单位负有事故责任的有关人员，依法暂停或者撤销其与安全生产有关的执业资格、岗位证书；事故发生单位主要负责人受到刑事处罚或者撤职处分的，自刑罚执行完毕或者受处分之日起，5年内不得担任任何生产经营单位的主要负责人。

为发生事故的单位提供虚假证明的中介机构，由有关部门依法暂扣或者吊销其有关证照及其相关人员的执业资格；构成犯罪的，依法追究刑事责任。

**第四十一条** 参与事故调查的人员在事故调查中有下列行为之一的，依法给予处分；构成犯罪的，依法追究刑事责任：

（一）对事故调查工作不负责任，致使事故调查工作有重大疏漏的；

（二）包庇、袒护负有事故责任的人员或者借机打击报复的。

**第四十二条** 违反本条例规定，有关地方人民政府或者有关部门故意拖延或者拒绝落实经批复的对事故责任人的处理意见的，由监察机关对有关责任人员依法给予处分。

**第四十三条** 本条例规定的罚款的行政处罚，由安全生产监督管理部门决定。

法律、行政法规对行政处罚的种类、幅度和决定机关另有规定的，依照其规定。

## 第六章 附 则

**第四十四条** 没有造成人员伤亡，但是社会影响恶劣的事故，国务院或者有关地方人民政府认为需要调查处理的，依照本条例的有关规定执行。

国家机关、事业单位、人民团体发生的事故的报告和调查处理，参照本条例的规定执行。

**第四十五条** 特别重大事故以下等级事故的报告和调查处理，有关法律、行政法规或者国务院另有规定的，依照其规定。

**第四十六条** 本条例自 2007 年 6 月 1 日起施行。国务院 1989 年 3 月 29 日公布的《特别重大事故调查程序暂行规定》和 1991 年 2 月 22 日公布的《企业职工伤亡事故报告和处理规定》同时废止。

# 附录 5

# 地方党政领导干部安全生产<br>责 任 制 规 定

## 第一章　总　　则

**第一条**　为了加强地方各级党委和政府对安全生产工作的领导，健全落实安全生产责任制，树立安全发展理念，根据《中华人民共和国安全生产法》、《中华人民共和国公务员法》等法律规定和《中共中央、国务院关于推进安全生产领域改革发展的意见》、《中国共产党地方委员会工作条例》、《中国共产党问责条例》等中央有关规定，制定本规定。

**第二条**　本规定适用于县级以上地方各级党委和政府领导班子成员（以下统称地方党政领导干部）。

县级以上地方各级党委工作机关、政府工作部门及相关机构领导干部，乡镇（街道）党政领导干部，各类开发区管理机构党政领导干部，参照本规定执行。

**第三条**　实行地方党政领导干部安全生产责任制，必须以习近平新时代中国特色社会主义思想为指导，切实增强政治意识、大局意识、核心意识、看齐意识，牢固树立发展决不能以牺牲安全为代价的红线意识，按照高质量发展要求，坚持安全发展、依法治理，综合运用巡查督查、考核考察、激励惩戒等措施，加强组织领导，强化属地管理，完善体制机制，有效防范安全生产风险，坚决遏制重特大生产安全事故，促使地方各级党政领导干部切实承担起“促一方发展、保一方平安”的政治责任，为统筹推进“五位一体”总体布局和协调推进“四个全面”战略布局营造良好稳定的安全生产环境。

**第四条** 实行地方党政领导干部安全生产责任制，应当坚持党政同责、一岗双责、齐抓共管、失职追责，坚持管行业必须管安全、管业务必须管安全、管生产经营必须管安全。

地方各级党委和政府主要负责人是本地区安全生产第一责任人，班子其他成员对分管范围内的安全生产工作负领导责任。

## 第二章 职　　责

**第五条** 地方各级党委主要负责人安全生产职责主要包括：

（一）认真贯彻执行党中央以及上级党委关于安全生产的决策部署和指示精神，安全生产方针政策、法律法规；

（二）把安全生产纳入党委议事日程和向全会报告工作的内容，及时组织研究解决安全生产重大问题；

（三）把安全生产纳入党委常委会及其成员职责清单，督促落实安全生产“一岗双责”制度；

（四）加强安全生产监管部门领导班子建设、干部队伍建设和机构建设，支持人大、政协监督安全生产工作，统筹协调各方面重视支持安全生产工作；

（五）推动将安全生产纳入经济社会发展全局，纳入国民经济和社会发展考核评价体系，作为衡量经济发展、社会治安综合治理、精神文明建设成效的重要指标和领导干部政绩考核的重要内容；

（六）大力弘扬生命至上、安全第一的思想，强化安全生产宣传教育和舆论引导，将安全生产方针政策和法律法规纳入党委理论学习中心组学习内容和干部培训内容。

**第六条** 县级以上地方各级政府主要负责人安全生产职责主要

包括：

（一）认真贯彻落实党中央、国务院以及上级党委和政府、本级党委关于安全生产的决策部署和指示精神，安全生产方针政策、法律法规；

（二）把安全生产纳入政府重点工作和政府工作报告的重要内容，组织制定安全生产规划并纳入国民经济和社会发展规划，及时组织研究解决安全生产突出问题；

（三）组织制定政府领导干部年度安全生产重点工作责任清单并定期检查考核，在政府有关工作部门“三定”规定中明确安全生产职责；

（四）组织设立安全生产专项资金并列入本级财政预算、与财政收入保持同步增长，加强安全生产基础建设和监管能力建设，保障监管执法必需的人员、经费和车辆等装备；

（五）严格安全准入标准，推动构建安全风险分级管控和隐患排查治理预防工作机制，按照分级属地管理原则明确本地区各类生产经营单位的安全生产监管部门，依法领导和组织生产安全事故应急救援、调查处理及信息公开工作；

（六）领导本地区安全生产委员会工作，统筹协调安全生产工作，推动构建安全生产责任体系，组织开展安全生产巡查、考核等工作，推动加强高素质专业化安全监管执法队伍建设。

**第七条**　地方各级党委常委会其他成员按照职责分工，协调纪检监察机关和组织、宣传、政法、机构编制等单位支持保障安全生产工作，动员社会各界力量积极参与、支持、监督安全生产工作，抓好分管行业（领域）、部门（单位）的安全生产工作。

**第八条**　县级以上地方各级政府原则上由担任本级党委常委的政府领导干部分管安全生产工作，其安全生产职责主要包括：

（一）组织制定贯彻落实党中央、国务院以及上级及本级党委和政府关于安全生产决策部署，安全生产方针政策、法律法规的具体措施；

（二）协助党委主要负责人落实党委对安全生产的领导职责，督促落实本级党委关于安全生产的决策部署；

（三）协助政府主要负责人统筹推进本地区安全生产工作，负责领导安全生产委员会日常工作，组织实施安全生产监督检查、巡查、考核等工作，协调解决重点难点问题；

（四）组织实施安全风险分级管控和隐患排查治理预防工作机制建设，指导安全生产专项整治和联合执法行动，组织查处各类违法违规行为；

（五）加强安全生产应急救援体系建设，依法组织或者参与生产安全事故抢险救援和调查处理，组织开展生产安全事故责任追究和整改措施落实情况评估；

（六）统筹推进安全生产社会化服务体系建设、信息化建设、诚信体系建设和教育培训、科技支撑等工作。

**第九条** 县级以上地方各级政府其他领导干部安全生产职责主要包括：

（一）组织分管行业（领域）、部门（单位）贯彻执行党中央、国务院以及上级及本级党委和政府关于安全生产的决策部署，安全生产方针政策、法律法规；

（二）组织分管行业（领域）、部门（单位）健全和落实安全生产责任制，将安全生产工作与业务工作同时安排部署、同时组织实施、同时监督检查；

（三）指导分管行业（领域）、部门（单位）把安全生产工作纳入相关发展规划和年度工作计划，从行业规划、科技创新、产业政策、法规标准、行政许可、资产管理等方面加强和支持安全生产工作；

（四）统筹推进分管行业（领域）、部门（单位）安全生产工作，每年定期组织分析安全生产形势，及时研究解决安全生产问题，支持有关部门依法履行安全生产工作职责；

（五）组织开展分管行业（领域）、部门（单位）安全生产专项整治、目标管理、应急管理、查处违法违规生产经营行为等工作，推动构建安全风险分级管控和隐患排查治理预防工作机制。

## 第三章　考　核　考　察

**第十条**　把地方党政领导干部落实安全生产责任情况纳入党委和政府督查督办重要内容，一并进行督促检查。

**第十一条**　建立完善地方各级党委和政府安全生产巡查工作制度，加强对下级党委和政府的安全生产巡查，推动安全生产责任措施落实。将巡查结果作为对被巡查地区党委和政府领导班子和有关领导干部考核、奖惩和使用的重要参考。

**第十二条**　建立完善地方各级党委和政府安全生产责任考核制度，对下级党委和政府安全生产工作情况进行全面评价，将考核结果与有关地方党政领导干部履职评定挂钩。

**第十三条**　在对地方各级党委和政府领导班子及其成员的年度考核、目标责任考核、绩效考核以及其他考核中，应当考核其落实安全生产责任情况，并将其作为确定考核结果的重要参考。

地方各级党委和政府领导班子及其成员在年度考核中，应当按照“一岗双责”要求，将履行安全生产工作责任情况列入述职内容。

**第十四条**　党委组织部门在考察地方党政领导干部拟任人选时，应当考察其履行安全生产工作职责情况。

有关部门在推荐、评选地方党政领导干部作为奖励人选时，应当考察其履行安全生产工作职责情况。

**第十五条** 实行安全生产责任考核情况公开制度。定期采取适当方式公布或者通报地方党政领导干部安全生产工作考核结果。

## 第四章 表彰奖励

**第十六条** 对在加强安全生产工作、承担安全生产专项重要工作、参加抢险救护等方面作出显著成绩和重要贡献的地方党政领导干部，上级党委和政府应当按照有关规定给予表彰奖励。

**第十七条** 对在安全生产工作考核中成绩优秀的地方党政领导干部，上级党委和政府按照有关规定给予记功或者嘉奖。

## 第五章 责任追究

**第十八条** 地方党政领导干部在落实安全生产工作责任中存在下列情形之一的，应当按照有关规定进行问责：

（一）履行本规定第二章所规定职责不到位的；

（二）阻挠、干涉安全生产监管执法或者生产安全事故调查处理工作的；

（三）对迟报、漏报、谎报或者瞒报生产安全事故负有领导责任的；

（四）对发生生产安全事故负有领导责任的；

（五）有其他应当问责情形的。

**第十九条** 对存在本规定第十八条情形的责任人员，应当根据情况采取通报、诫勉、停职检查、调整职务、责令辞职、降职、免职或者处分等方式问责；涉嫌职务违法犯罪的，由监察机关依法调查处置。

**第二十条** 严格落实安全生产“一票否决”制度，对因发生生产安全事故被追究领导责任的地方党政领导干部，在相关规定时限内，取消考核评优和评选各类先进资格，不得晋升职务、级别或者重用任职。

**第二十一条**　对工作不力导致生产安全事故人员伤亡和经济损失扩大，或者造成严重社会影响负有主要领导责任的地方党政领导干部，应当从重追究责任。

**第二十二条**　对主动采取补救措施，减少生产安全事故损失或者挽回社会不良影响的地方党政领导干部，可以从轻、减轻追究责任。

**第二十三条**　对职责范围内发生生产安全事故，经查实已经全面履行了本规定第二章所规定职责、法律法规规定有关职责，并全面落实了党委和政府有关工作部署的，不予追究地方有关党政领导干部的领导责任。

**第二十四条**　地方党政领导干部对发生生产安全事故负有领导责任且失职失责性质恶劣、后果严重的，不论是否已调离转岗、提拔或者退休，都应当严格追究其责任。

**第二十五条**　实施安全生产责任追究，应当依法依规、实事求是、客观公正，根据岗位职责、履职情况、履职条件等因素合理确定相应责任。

**第二十六条**　存在本规定第十八条情形应当问责的，由纪检监察机关、组织人事部门和安全生产监管部门按照权限和职责分别负责。

## 第六章　附　　则

**第二十七条**　各省、自治区、直辖市党委和政府应当根据本规定制定实施细则。

**第二十八条**　本规定由应急管理部商中共中央组织部解释。

**第二十九条**　本规定自 2018 年 4 月 8 日起施行。